BEI GRIN MACHT SICH IHR
WISSEN BEZAHLT

Ilse Frapan

Symbiose

Aus: Flügel auf! Novellen

GRIN Verlag

Bibliografische Information der Deutschen Nationalbibliothek:

Die Deutsche Bibliothek verzeichnet diese Publikation in der Deutschen National-
bibliografie; detaillierte bibliografische Daten sind im Internet über http://dnb.d-
nb.de/ abrufbar.

Impressum:

Copyright © 2008 GRIN Verlag GmbH
Druck und Bindung: Books on Demand GmbH, Norderstedt Germany
ISBN: 978-3-640-23457-8

Dieses Buch bei GRIN:

http://www.grin.com/de/e-book/120163/symbiose

Ilse Frapan

Symbiose

[aus „Flügel auf! Novellen", erstmalig erschienen 1895]

Wedel, 5. September 1892

Lieber Axel Du wirst einen gerechten Schrecken bekommen, daß ich Dir schon wieder schreibe, ohne Papa und Mama, aber, weißt Du, es ist etwas, was in den vorgestrigen »offiziellen« Brief nicht hereinpaßte und was ich doch nothwendig beantwortet haben möchte. Ich kann niemand als Dich danach fragen, sie sind hier alle so dumm, die Eltern natürlich ausgenommen, aber die wundern sich immer so über meine »ungelegten Eier«, oder sie werden grimmig, und dann kann man ja überhaupt nichts mehr besprechen. Sie sind ja schrecklich gut, und ich weiß, daß Mama alles für unser Glück thäte, aber daß ich selber etwas dafür thue, das will sie nicht, da stellt sie sich gleich so zu sagen auf ihre kleinen Hinterbeine und drückt mich mit einem Wort, mit einem Blick in das erste beste Mauseloch hinunter. Ich bin so furchtbar traurig, so zwiespältig, weißt Du; ich möchte ihr ja gern zu Dank leben, alles zu Willen thun, wie sie Papa alles zu Willen thut, aber wenn auch immer Dinge von mir verlangt werden, die ich nicht leisten kann, dann fühlt man sich so – so fremd in der eigenen Familie Ach, ich erschrecke selbst vor dem gräßlichen Wort. Fremd Und es ist doch wahr Aber wie furchtbar würde es Mama kränken, wenn sie wüßte, daß ich solche Gedanken habe. Und noch dazu muß ich immer lustig sein; ich komme mir manchmal wie ein Hanswurst vor, der für Kost und Kleidung – so eine Art Hofnarr, weißt Du Pfui, wie greulich, mit solchen Gedanken zu lachen und Unsinn zu machen Aber sonst sagen sie gleich: »Na, Lisbeth, Dir ist wohl heute die Petersilie verhagelt?« Selbst die kleine Frieda fängt schon so an: »Lisbeth, bist heute gar nicht lächerlich, hast wohl schon wieder Kopfweh?« Und plötzlich, wie auf Kommando, sehen mich alle an, und jeder findet was anderes: dann soll ich blaß sein, dann roth, Papa sagt gewöhnlich grün; ich läse zu viel, ich sollte mich lieber im Hausstand beschäftigen, ich könnte doch mal Fehrs besuchen und Frieda und Trude mitnehmen, daß ich doch an die Luft käme, und

Tante fängt zuletzt noch an: »Ja, wenn man umsonst oder für 'n Ei und Butterbrod Privatstunden gibt und sich abrennt mit Krankenvisiten, dann kann man sich natürlich der Familie nicht mehr widmen«, und dann predigt sie immer wieder: »charity begins at home« und ist doch die einzige im Haus, die fortwährend auf das Mädchen schilt und sich wundert, daß klein Frieda noch nicht so still sitzen mag wie sie. Na, wir haben sie aber auch oft schön geärgert, und Du mit, eben fällt es mir ein. Als Du das letzte Mal mit Deiner Mama bei uns warst und wir fortwährend vor Tantes Sopha auf und ab marschierten und »Bickbeern, blaue Bickbeern Stint labennige Stint« dazu brüllten Tante hielt sich die Ohren zu und gab uns sogar Püfe, aber wir wollten uns todtlachen und schrieen immer mehr. Man ist doch grausam unartig als Kind. Und wir waren gar nicht mal so klein, Du schon zwölf und ich neun, aber warum nannte sie uns auch immer »abscheuliche Gören«, wenn sie allein mit uns zu Haus bleiben mußte – Lieber Axel Ich muß mein Lehrerinnen-Examen machen, frage mich nicht, wieso, ich muß Was ich aber von Dir wissen möchte, ist, ob ich mich wohl selber darauf vorbereiten kann. Ich meine allein. Denn ins Seminar ibt Papa mich nicht, er sagt, ich sei nicht kräftig genug und viel zu unruhigen Sinnes, um später als Lehrerin einen Breuf auszuüben. Mein Beruf seien meine kleinen Geschwister, dann die Verschönerung des Hauses durch Heiterkeit und Dienstwilligkeit gegen Jedermann Und dann citirt er mir: »dienen lerne beizeiten« u. s. w., daß ich schon manchmal gedacht habe: lieber großer Göthe, hättest du doch das nur nicht geschrieben. Seit vorigen Ostern nun habe ich wieder ordentlich zu lernen angefangen, natürlich im Stillen. Papa ist ja darin nett, er wundert sich nicht, wenn ich ihm Bücher aus dem Bord nehme, ohne zu fragen. Neulich, als ich einen Band von Ranke wieder hineinstellte, hat er sogar geschmunzelt. Ich war so glücklich darüber, ich wäre ihm fast um den Hals gefallen und hätte ihm meine heimlichen Verschwörerpläne gebeichtet. Aber es kam nicht dazu, Papa zeigte mir in der hohlen Hand einen abgerissenen Hemdknopf, sah mich dann strenge an: »Das eine thun, und das andere nicht lassen, mein Kind.« Na, da wußte ich schon wieder Bescheid Abe das glaube ich sicher, ehe die Herrenhemden nicht rundum zu sind oder angewebte Knöpfe haben, oder so etwas, werden wir Frauenzimmer nicht frei und glücklich sein. Also, glaubst Du, daß ich es erreiche? Denn ich will nachher wirklich Geld verdienen. Wozu – das kann ich Dir noch nicht sagen, ich fürchte, Du lachst mich aus. Nein, ich will jedenfalls Deine Antwort abwarten. Und noch eine Bitte: Naturwissenschaftliches fehlt ganz in Papas Bilbliothek; wenn Du mir etwa schicken könntest, was Du im Gymnasium gebraucht hast Und Häckel müßtest Du mir auch schicken, und etwas von Nietzsche, wenn es nicht zu unbescheiden von mir ist Aber nun kommt das Unangenehmste: Du müßtest mir die Sachen nicht direkt senden. Aber dann wohin?

Unsere dumme kleine Post schickt es uns doch ins Haus, wenn Du das Paket selbst postlagernd adressirtest Ich habe schon hin und her gesonnen, und endlich ist mir die gute Steenocken eingefallen, Du weißt wohl, unsere alte Näherin, die den Papagei hat. Wir waren auch mal da, während Du hier warst, und der Lora zackte Deinen Strohhut so schön aus, den Du übern Käfig gehängt hattest Steenbocken wundert sich über nichts, was ich thue, das ist eine treue Seele. Wir sprechen immer über Himmel und Erde, wenn wir zusammen sind; und ich wundere mich oft, wie viel Interesse sie an Dingen nimmt, die ihr doch so fern und unklar sind. Ach, geht es denn mir besser? Du glaubst nicht, Axel, was für eine Wuth ich habe zu lernen Ich gebe jetzt Trude und Frieda Naturgeschichtsstunde, denk Dir. Die Kinder sind süß dabei, aber die Lehrerin taugt nicht Ich kann ihnen oft die einfachsten Dinge nicht beantworten, und dann schäme ich mich so vor mir selbst, daß ich stottere und roth werde. Auch ein paar älteren Damen hier gebe ich Botanikstunde; frech von mir, nicht? Aber sie meinten plötzlich, die Namen der hier wachsenden Pflanzen sollte doch eigentlich jeder Mensch wissen, na – und da konnte ich ihnen doch so ziemlich dienen. Eine gräßliche Angst, diese Stunde Mühsam, mühsam bereite ich mich vor, und nachher fühle ich bei jedem Wort, das ich sage, wie eng mein Wissen ist, ich lebe richtig von der Hand in den Mund, es ist ein Elend. O, ihr glücklichen, glücklichen Jungens

Bitte, schick mir, was Du für nützlich hältst, Du bist ja meine einzige Freundin Mußt aber keinen Schnurrbart kriegen, hörst Du wohl? Auf Deinem Bild von vor einem Jahr schimmert schon so was; es wäre mir aber ungemüthlich.

Schreib mir nur, wenn Du mir keine Moralpredigt halten willst, bitte, die brauch ich wirklich nicht. Wirst Du mir meinen Wunsch erfüllen? Wirst Du mir beistehen? Ich sitze hier in dem Nest wie auf einer einsamen Insel, obgleich ich im Elternhaus bin Der liebe Gott schütze und erhalte es mir, es ist ein reizendes Haus, aber ich möchte mal weg Kannst Du Dich in solche Widersprüche hineindenken?

Die Adresse ist: Fräulein Henrika Steenbocken, Strichweg 5. Wedel.

Deine treue Cousine Lisbeth.

*

Axel Lorenzen an Lisbeth Markwort.

Kopenhagen, 8. September 1892.

Liebe Cousine Dein Brief hat mir eine angenehme Überraschung bereitet. Gott sei Dank, daß Ihr endlich einmal anfangt, Euch zu rühren Es wird aber auch Zeit, wir glauben Euch sonst nicht, daß Ihr es ernst meint. Also solch ein tapferer kleiner Kerl ist die Lisbeth Natürlich sollst Du die Bücher haben, ich mache Dir ein ordentliches Paket zusammen, und dann kannst Du sehen, ob Du's brauchen kannst. Ich habe allerdings keinen Hochschein, was Du verstehst, oder was Du eigentlich lernen möchtest. Du drückst Dich ziemlich unpräcise aus. Auch möchte ich Dir die Illusion beschneiden, daß es »uns« so viel klarer und sicherer im Kopf sei. Ich sage Dir, wir rennen täglich an ein neues Brett, wo wir nicht weiter können. Schadet aber nicht, das Rennen selbst ist die Freude. Daß Du die »einfachsten Dinge« nicht beantworten kannst, braucht Dich auch nicht zu ärgern, die »einfachsten Dinge« sind meist die komplizirtesten. Frag mich zum Beispiel nicht, warum der Baum wächst, Wasser aus dem Boden aufnimmt und bis in die höchste Krone treibt; es hat's noch kein Gelehrter recht ergründet. Wir beschäftigen und übrigens recht wenig jetzt mit Spekulation, die Metaphysik ist an den Nagel gehängt. Alle Wissenschaft ist heute deskriptiv, und warum Ihr Weibsen da nicht ebensogut wie wir Eure Augen und Ohren aufthun und beobachten solltet, wüßte ich wahrhaftig nicht zu sagen. Entschuldige, liebe Cousine, aber die Wahrheit ist, daß Ihr scheußlich faul und indolent seid, so im Allgemeinen. Du nicht, Du scheinst mir ja eine wundervolle Ausnahme zu sein, obwohl Du freilich auch bis zu Deinem zwanzigsten Jahr warten mußtest, ehe Du Augen kriegtest

Nimm's mir nicht übel, wenn ich grob bin, aber mich ärgert das ewige Gewinkel von Eurer Unfreiheit, von Eurer Sklaverei. Es ist einfach nicht wahr. Wenn eine Frau Geist und Talent gehabt hat und dazu die nöthige Willenskraft, sich in der Welt durchzusetzen, so hat sie sich durchgesetzt, zu allen Zeiten. Beweise dafür gibt es in Menge, wenn mir auch gerade keine einfallen. Ihr wundert Euch immer, daß die Papas und die Mamas Euch nicht in den Arm nehmen und dahin tragen, wohin Ihr wollt, Ihr trägen Puppen Hättet Ihr ein klein bißchen Psychologie gelernt, nur so durch Beobachtung, so würdet Ihr wissen, daß die ältere und die neuere Generation nie gleiche Wege gehen kann, daß es ebenso naturwidrig wäre, von Deinem Papa allen Vorschub für Dich zu erwarten, wie für Dich, im alten Regime zufrieden und wohl zu bleiben. Man muß den Mund aufmachen, mein Fräulein, und da mit den Jahren das Gehör etwas zu leiden pflegt, so muß man ihn oft weiter aufmachen, als einem selber lieb ist.

Daher gefällt mir Dein Plan sehr schlecht, Dich heimlich aufs Lehrerinnen-Examen vorzubereiten. Du sollst sehen, da wird nichts draus. Deine Eltern sind doch keine Unmenschen Setze ihnen nur alles frisch und frei auseinander, damit sie Dir Zeit und einen ruhigen Ort zum Lernen gewähren; so viel werden sie doch wohl thun. Meinen lieben Pastoronkel Markwort, den ich immer um den Finger gewickelt habe Man muß es nur schlau anfangen; o, ich wollte es schon machen Dein Papa kann noch viel lernen, er ist ja noch ziemlich jung, so Mitte der Vierzig, nicht wahr? Der hat noch lange nicht abgeschlossen. Dazu hat man seine Eltern, daß man sie ein bißchen weiter bringt. Ich – wenn ich welche hätte – Mustereltern sollten es sein Mamachen war es ja schon, solch eine Frau gibt es nie wieder. Wenn sie noch lebte, dann hättest Du es einfach, sie würde Dir so thatkräftig geholfen haben. Besser bleibt es, Du hilfst Dir selbst. Ich stehe Dir in jeder Beziehung zu Diensten. Ob ich dabei einen Schnurrbart habe oder nicht, scheint mir ziemlich überflüssig. Sollte es Dich aber doch interessiren, so brauchst Du es nur zu sagen, ich schicke Dir dann Puhlsens letzte Amateuraufnahme, sie ist viel gelungener als das milchige Bild von mir, das Du erwähnst. Wie siehst Du denn eigentlich jetzt aus? Ich denke mir ein schmales, dünnes Gör mit dunklen aufgerissenen Augen und zotteligem Haar; kannst mir auch mal eine Photographie verehren, hörst Du?

Dein alter Spielbruder Axel.

*

Lisbeth Markwort an Axel Lorenzen.

Wedel, 15. September 1892.

Lieber Axel Entschuldige, daß ich Dir heute erst antworte, es war mal wieder eine Hetzwoche für mich: große Schneiderei, zwei Nähmaschinen Tag und Nacht im Gange; mein Trost war die alte

Steenbocken, die diesmal ihren Papagei mitbringen durfte, weil er sonst gar zu verlassen gewesen wäre, das arme Thier Ich wollte, ich hätte dafür in Steenbockens kleiner Stube allein sitzen dürfen und Deine Bücher lesen, für die ich Dir tausendmal danke Kannst Du Dir vorstellen, daß ich das Paket nur erst aufgemacht, aber noch keinen Blick recht hineingethan habe? Wenn man immer sitzen und prünen muß – entschuldige den Ausdruck – , aber Deine harten Worte, die gewiß sehr gut gemeint waren, haben mich furchtbar traurig gemacht. Du sagst, unsere Faulheit und Willenlosigkeit sei an Allem schuld; aber bedenke doch nur, daß ich zum Beispiel nie einen eigenen Willen haben durfte. Du glaubst gar nicht, was für verwundete Gesichter sie machen, sobald ich nur den leisesten Versuch wage, etwas fest zu behaupten, und wenn ich es auch noch so gut weiß. Nun räthst Du mir wohl, mich nicht um die Verwunderung zu kümmern, aber das ist leicht gesagt und schwer gethan. Ich habe doch nichts Lieberes auf der Welt als die Meinigen, und ich kann es nicht ertragen, wenn sie mir böse sind; lieber will ich Alles aufgeben. Neulich hatte ich solche Geschichte mit Mama, es kam auch über die ewige Näherei her. Ich sollte nämlich deswegen die Botanikstunde bei den Damen aussetzen, ich erzählte Dir schon davon. Tante sagte: »Du kriegst ja doch nichts dafür«, da sagte ich ein paar ärgerliche Worte. Plötzlich bemerkte Mama mit trauriger Stimme: »O, laß nur, Lisbeth will lieber, daß ihre Mama die Nacht durch arbeitet, als daß sie ihre überspannten Ideen aufgibt.« Ich war ganz verzweifelt. »Kann das Kleid denn nicht morgen weiter genäht werden? es kommt doch nicht auf einen Tag an,« sagte ich. »Ja, wo kämen wir da wohl hin« rief Mama; »nächste ganze Woche wird aingemacht, das weißt Du doch.« »Ich habe nicht abgesagt, ich muß gehen, und wenn heute Nacht genäht werden muß, so will ich es thun,« bat ich. »Ja, das kennen wir Geh Du nur Lauf nur aus dem Hause, so oft Du kannst. Ist das nun, als wenn man eine große Tochter hat?« so rief es hinter mir her, als ich wirklich wegging. Der Weg ist weit, dreiviertel Stunden. Erst, muß ich sagen, freute ich mich schrecklich, als ich draußen war. So schönes Wetter, windig und warm, und eine Menge Blumen auf den

Stoppelfeldern. Aber als ich dann hinkam und sie kaum noch ein Wort von der vorigen Stunde behalten hatten und die lateinischen Namen so verdrehten und ein paarmal von ganz anderen Dingen anfingen, dachte ich bei mir: na, hättest auch ebensogut wegbleiben können; und ich hatte schreckliche Gewissensbisse, daß ich mich deshalb mit Mama erzürnt hatte. Sie guckte mich auch den ganzen Abend nicht an, und doch war das Kleid schon um neun Uhr fix und fertig. Ganz matt sagte sie mir gute Nacht, und ich hatte Todesangst, daß sie so großen Kummer über mein Betragen hätte. Denke Dir meine Beruhigung, lieber Cousin: als ich um halb elf noch leise mal in ihr Schlafzimmer huschte, schlief sie ganz süß und sah ganz vergnügt aus. Aber an jenem Abend hab ich mir gelobt –

Ich habe Dir all das so ausführlich geschrieben, um Dir zu zeigen, daß ich es nicht leicht habe, und daß Du mich nicht heruntermachen mußt, wenn ich sehr langsam vorwärts komme. Die Bücher scheinen mir auch sehr schwer, einen Augenblick war ich so entmuthigt, daß ich all meine schönen Pläne aufgeben wollte. Wer weiß, ob ich nicht zu dumm bin, trotz allen guten Willens. Aber dann habe ich Deinen lieben Brief noch einmal wieder gelesen und habe mir gesagt: nein, man muß sich nicht unterkriegen lassen. Und dann hab ich was Gräßliches gethan, was ich einzig Dir vertraue, weil Du Dich unterzeichnet hast »Dein alter Spielbruder«, und weil es mich an die Zeiten erinnerte, wo wir zusammen Deine Hefte verkäs'ten Nämlich ich habe ja nie Geld, keinen Pfennig, und da habe ich ein altes kleines Armband »verkäs't« beim Goldschmied. Es war doch schon kaput und stammte von Tante her, sie wird es hoffentlich nicht merken. Zwei Mark hab ich dafür gekriegt, und weißt Du, was ich mir dafür angeschafft habe? Drei Pakete Stearinlichter, Steenbocken hat sie in Verwahrung; ich hol mir immer eins zur Zeit, damit es nicht auffällt. Jetzt kann ich in meiner kleinen Bodenkammer jeden Abend lesen und arbeiten, wenn die Andern schlafen. Ist das nicht reizend? Wenn es nur dies Jahr nicht früh kalt wird, aber dann kann man ja im Bett lesen, das geht auch. Heute fange ich an, ich freue mich so darauf. Papa, meinst Du, würde einwilligen, wenn ich ihn bäte, mich das Lehrerinnenexamen machen zu lassen? Ach, Axel, da irrst Du Dich sehr Bei jeder Gelegenheit spricht er seine Abneigung gegen Lehrerinnen aus, er sagt immer, sie seien alle bleichsüchtig und pedantisch und behandelten auch die Erwachsenen wie dumme Jungen. Ein frisches lustiges Dienstmädchen sei ihm viel lieber, denk Dir Ich kann ihm aber doch nicht den Gefallen thun und Dienstmädchen werden Nein, weißt Du, ich finde das nun prachtvoll so vor einer vollen Klasse zu stehen, all die großen aufmerksamen Kinderaugen auf sich gerichtet. Ich möchte freilich nicht dabei stehen bleiben, es soll mir nur Mittel sein. Aber darüber kann ich selbst Dir nichts verrathen, das ist mein hohes Geheimniß

Lieber Cousin, bitte, schicke mir die gute Amateurphotographie von Dir, ich hätte sie zu gern Von mir hab ich leider kein neueres Bild, kann doch auch keins unvermerkt wegnehmen, weißt Du. Eine Beschreibung von mir kann ich auch nicht gut machen; ich habe eine ziemlich lange Nase, über die ich mich oft ärgere, besonders wenn Papa sagt, sie würde noch mal mit meinem Kinn zusammenwachsen, wenn ich alt bin. Mein Haar ist noch immer etwas zottelig, zu Mamas Ärger, und meine Augen sind auch gewöhnlich aufgerissen, wie Du sie schilderst. Die Welt ist so groß, man möchte zwanzig Augen haben, nicht Du?

Es grüßt Dich

Deine treue Cousine Lisbeth.

*

Axel Lorenzen an Lisbeth Markwort.

Kopenhagen, 1. Oktober 1892.

Liebe Cousine Ich habe Deine Jeremiade mit einem gewissen sarkastischen Achselzucken gelesen. Ja, so seid Ihr; selbst wenn Ihr mal einen Anlauf nehmt – wie Du es in Deinem ersten Schreiben thatest – , es kommt doch nicht viel dabei heraus. Das erste Hinderniß macht Euch stutzig und muthlos, und der ganze schöne Eifer ist wieder vorbei. Das sind ja wahrhaft vorsündfluthliche Verhältnisse bei Euch im Hause Mir wurde ganz öde zu Muthe beim bloßen Lesen, und ich muß sagen, wer sich das gefallen läßt, ist jedenfalls von inferiorer Intelligenz. Liebe Cousine, ich rufe Dir den groben aber wahren Fibelvers in Erinnerung: »Esel dulden stumm; allzu gut ist dumm.« Freilich wirst Du mir diese Worte übel nehmen, aber das ist mir ganz gleichgültig. Wenn Du nicht begreifen kannst, daß Du Dir Platz machen mußt, so rathe ich Dir, bleibe um Gottes willen bei Deiner Nähmaschine und dem Kochtopf, es sind ja auch da immer Hände nöthig.

Die Geschichte aber mit dem verkauften Armband und dem Arbeiten im Bette ist mir zu romantisch und sentimental und erscheint mir sehr unnütz, wo ein kräftiges Auftreten Deinerseits Dir mir einemmal alles verschaffen würde: Licht und Zeit und die Achtung Deiner Alten. Übrigens habe ich Dir einen Fünfmarkschein eingelegt, für den Fall, daß Du wieder Stearinlichter kaufen mußt. Ich bin ja zum Glück nicht so waschlappig wie mein Fräulein Cousine. Onkel Markwort, mein geehrter Herr Vormund, hat sich nie getraut, mir meine nöthigen Bedürfnisse zu beschneiden. Nein, Lisbeth, wir Männer sind doch ganz andere Kerle als ihr Weiber. Ein Mädchen von zwanzig Jahren und keinen Pfennig Geld Ich konnte nur staunen, als ich es las.

Also ein Bild bekomme ich nicht? Du hast nicht mal soviel Courage, Dein eigenes Bild aus dem Familienalbum zu nehmen? Gut, so laß es bleiben, aber dann kriegst Du meins ebensowenig. Du wirst sowieso wohl bald hingehen und Deiner Mutter reuevoll beichten, was für gefährliche Bücher ich Dir geschickt habe. Mater peccavi, ich seh Dich schon.

11

Dein Geheimniß, auf das Du nun schon ein paarmal so geheimnißvoll hindeutest – natürlich damit ich danach fragen soll – , ist wohl mehr zarter als hoher Natur? Am Ende hat sich Fräulein Cousine in einen Lehrer verliebt und möchte nun dem Angebeteten recht ähnlich werden? Das sind ja meistens die Motive Eurer Bildungsbestrebungen, wir kennen das.

Adieu, liebe kleine Märtyrerin, möge Dein Martyrium bald belohnt werden. Nähe recht viele Kleider, und koche recht viel Gurken ein, aber den Darwin wirf in die Ecke, wo sie am dunkelsten ist, der hat für Leute Eures Schlages nicht gelebt und geschrieben.

Dein wohlmeinender Vetter Axel.

*

Lisbeth Markwort an Axel Lorenzen.

Wedel, 5. Oktober 1892.

Lieber Axel, Du bist ein ekliger Junge, weißt Du das? Wenn ich mir von Mama und Papa alles gefallen lasse, so weiß ich doch warum, von Dir aber lasse ich mir nicht das Geringste gefallen, und wenn ich auch zehnmal von inferiorer Intelligenz bin Ich soll in Jemand verliebt sein und deshalb lernen wollen? O, wie schändlich von Dir, mir so etwas zuzumuthen. Du denkst wohl nur an lauter Liebesgeschichten, deshalb setzest Du auch bei mir dergleichen voraus. Glaube nur nicht, daß ich mich über Deinen scheußlichen Brief geärgert habe; wenn mich etwas traurig macht, so ist es nur Deine Verständnißlosigkeit. Du vergleichst immer Deine freie Lage mit meiner gebundenen und rechnest Dir Deine Freiheit als Verdienst zu. Was hast Du denn vielleicht bis jetzt gethan, um Dir Deine Freiheit zu erwerben? Gar nichts es ist alles von selbst gekommen, weil Du ein Mann und kein Mädchen bist. Du kannst Dich in keine andere Person hineinversetzen, kannst nicht Jemand nachfühlen, der durch Liebe gebunden ist. Ach, wie schade, lieber Cousin, daß Du kein Mädchen bist Wie gut würden wir uns dann verstehen. So aber soll ich, nach Deiner Meinung, plötzlich ein Dragoner werden, nachdem ich doch zwanzig Jahre ein junges Mädchen gewesen bin. Das ist wohl etwas zuviel verlangt. Ich bin Dir sehr böse, daß Du so dumm bist, denn bei Dir ist es nur schlechter Wille. Lieber Axel, kannst Du den Fünfmarkschein auch entbehren? Es heißt doch, die Studenten brauchen immer so viel Geld?

Du, ich habe jetzt schon ordentlich zu ochsen angefangen; wenn ich eine so ganz trockene Beschreibung einer Pflanze lese, sehe ich sie gleich vor mir, und wirklich habe ich schon viele beim ersten Sehen erkannt, obgleich ich nur erst die Gattungscharaktere gelesen. Aber ich möchte tiefer eindringen, möchte mehr, möchte fragen können Ach, das wird mir doch nie zu Theil, dieses Glück, und Du verspottest mich noch Wie konntest Du nur das Herz dazu haben? Du mußt doch fühlen, daß es mir ernst ist.

In dem Buch von Schopenhauer komme ich sehr langsam weiter; ich glaube, das ist eine eiskalte Gegend, wo die Philosophen hausen, mich friert ordentlich, während es mir zugleich vorkommt, als ob der Nebel um mich herum etwas durchsichtiger würde. Und dann hat es für mich so etwas Unheimliches, daß gar keine wirklichen Dinge, sondern nur unsere Vorstellungen von den Dingen da sein sollen. Wie eine grausige Schatten- und Gespensterwelt kommt mir das vor, und ich mitten drin so allein und verloren; kannst Du Dir denken, daß es mich fast freudig durchzuckte, als plötzlich in meine kalte Gedankenwüste hinein das Zwitschern der kleinen Zeisige erscholl, die sich jeden Abend auf unserer großen Linde Rendezvous geben? Es klang so vertraut und so wirklich, es schien mir ganz unmöglich, daß diese lieben Thierchen, die ich so oft beobachtet, nur in meiner Vorstellung existiren sollen. Es muß wohl sein, daß ich keine philosophische Ader in mir habe, nicht wahr? Mit

Darwin geht es mir viel besser, der verlangt keine solche Sonderbarkeiten, nur daß man aufpaßt.

Lieber Axel, ich möchte gerade Dir so schrecklich gern mein Geheimniß anvertrauen, aber Dein letzter Brief hat mich so gekränkt Und doch hilfst Du mir und kannst mir helfen wie Niemand sonst, und so hast Du doch gewiß ein Anrecht, es zu wissen. Auch möchte ich nicht wieder der Verliebtheit beschuldigt werden, ich habe ganz anderes im Kopf. Also lache nicht, sondern höre: Ich will mein Lehrerinnen-Examen machen, dann eine Stelle suchen und Geld verdienen, und wenn ich genug habe, nach Zürich gehen und studiren.

Aber sag es nun um Himmels willen nicht weiter, lieber Axel; wenn es Jemand anders erfährt als Du, schäme ich mich todt. Ich fühle mich auch selbst durchaus nicht würdig dazu – aber nicht wahr, Du wirst mich nicht verdammen? Die Anderen werden es gewiß thun; ja, ich werde noch viel zu kämpfen haben.

Deine Cousine Lisbeth

mit der inferioren Intelligenz.

P.S. Und hier hast Du auch mein Bild, ich habe es richtig gegrapft, damit Du mich nicht wieder feige schiltst. Was ich Mama antworten soll, wenn sie es vermißt, wissen nur die Götter. Ich werde immer so roth, wenn ich zu lügen versuche. Am meisten Angst habe ich vor Frieda, das ist unser enfant terrible, ganz wie ich früher

Die Obige.

*

14

Axel Lorenzen an Lisbeth Markwort.

Kopenhagen, 8. Oktober 1892.

Mein liebes Cousinchen Sag doch, wie konntest Du nur meinen harmlosen Brief so übel nehmen, mir so grobe Dinge zu sagen, daß ich dumm sei, keine Phantasie habe u. s. w. Ich schrieb Dir nur so nachdrücklich, um Dich zu hetzen und aufzustacheln, weil Du mir wieder in lauter Hausarbeit zu versinken scheinst. Jetzt aber, nach Deinem letzten Brief, der manch vernünftiges Wort enthält und außerdem die Photographie eines sehr klug ausschauenden Backfisches, bin ich zu jeder Abbitte geneigt und hoffe, Du werdest Gnade für Recht ergehen und die weibliche Empfindlichkeit bei Seite lassen. Wann ist das Bild gemacht? Wahrscheinlich vor drei Jahren, da noch keine hohen Schultern an dem Kleide vorkommen Oder geht Ihr in Wedel noch jetzt so herum? Nicht, daß mir die neue Mode sehr gefiele, aber unsere Kopenhagenerinnen sind meistens sehr chic. Und ein neueres Bild kann ich nicht bekommen? Soll ich mal im offiziellen Brief bei Deiner Mama um eins betteln? Das wäre eine Idee.

Ja, ich bekomme Respekt vor der kleinen Cousine, obgleich sie etwas blaustrümpfig aussieht ohne Scherz, wenn das Kindermäulchen mit der vorstehenden Oberlippe nicht wäre. Aber dies Mädchen macht alles wieder gut. Du siehst, ich habe Dich mal ordentlich unter die Lupe genommen, das heißt Deine Photographie. Aber auch Deinen Brief. Vieles darin war mir so ziemlich sympathisch. So Deine Verachtung der Verliebtheit. Ganz mein Fall. Es scheint doch selbst in die hintersten Winkel ein moderner Hauch zu dringen. Ich kann nämlich nicht annehmen, daß Du aus Erfahrung viel über die sogenannte Liebe weißt. Oder irre ich mich? Mir scheinen die meisten dieser Verhältnisse ganz einfach symbiotische Zustände zu sein, wie sie ja schon auf der niedersten Stufe von Organismen vorkommen. Und davon so viel Wesens zu machen es ist merkwürdig. Ich habe schon viel darüber

15

nachgedacht, auch praktisch experimentirt, jedoch mit geringem Erfolg.

Das also ist Dein Geheimniß? Studiren willst Du? Nun ja, warum nicht? Ich begreife nur die Geheimthuerei nicht. Das ist ja der vernünftigste Entschluß, den ein Markwortsches Familienglied weiblichen Geschlechts seit Menschendenken gefaßt hat. Ich sagte Dir's ja, die Lisbeth ist'n vernünftiger Kerl, die hat doch endlich mal ihre Portion Grütze im Kopf. Nur hast Du Dir einen verzweifelt langen Weg ausgesonnen. Darüber wirst Du ja alt und grau, eh Du ans Studium kommst. Zeitverschwendung Soll ich mal Deinem Alten schreiben? Was willst Du Deinen Cortex (Cortex gleich Hirnrinde, weißt Du, nach neuesten physiologischen Forschungen Sitz der geistigen Funktionen) mit so viel ödem Kram belasten, den Du später gar nicht brauchst? Willst wohl Medizin studiren, wie alle praktischen Studentinnen? Ja, Kind, das Lernen wird Dir gut thun, aber noch besser wird Dir die Freiheit bekommen Da wirst Du Dich recken und strecken und merken, daß Du gesunde Glieder hast. Aber muß es denn gerade Zürich sein? Warum nicht vielleicht Kopenhagen, wo Du mich hast? Liebe Lisbeth, ich kann Dir nur rathen, Du sprichst mit dem Alten und kommst hierher, sobald wie möglich; das Semester beginnt erst in drei Wochen. Sag, liebe Kleine, wäre das nicht famos? Willst Du Dich unter meine väterliche Obhut begeben? Ich werde mal sofort nach einer netten Bude für Dich herumhorchen, sieh nur zu, daß Du die Sache rasch in Ordnung bringst. Verdammen? Weil Du studiren willst? Ach, Du, was geht das uns an, laß sie doch da in Deinem Pfahldorf zetern, soviel sie Luft haben.

Diemal schick ich keine Bücher, Du kommst ja doch her. Nur ein Vorlesungsverzeichniß leg ich bei und streiche Dir gleich einiges blau an. Adieu, liebe Kleine, mach es richtig und komm baldmöglichst.

16

Dein Spiel- und bald auch Lernbruder

Axel.

*

Lisbeth Markwort an Axel Lorenzen

Wedel, 12. Oktober 1892.

Ach, lieber Axel, wie traurig mich dein Brief gemacht hat Du
schreibst, als könne ich frei über mich verfügen, als hätte ich die
Entscheidung über mein Leben selbst in der Hand, und es bedürfte
nur so Anstands halber auch noch einer Frage an Papa Aber ich bin
ja eine Sklavin, ich bin ja ein Anhängsel, ich muß thun, was mir
befohlen wird, und darf nicht mucksen; ich werde schon jetzt hart
beschuldigt, trotzig, hinterhältig und undankbar zu sein. Wie ich
über Deinen letzten Brief geweint habe, kann ich Dir nicht
beschreiben. Und jeden Abend geht es von Neuem an, denn ich
habe eine herzbrechende Sehnsucht nach dem Leben, das Du
führst. Wie kannst Du an Papas Einwilligung glauben in einer so
neuen und ungewöhnlichen Sache? Papa hielte mich gewiß für
verrückt, wenn ich so etwas verlangte. Du hast mir ja auch selbst
gesagt – ich glaube, es war in Deinem ersten Brief – , man könne
von der älteren Generation kein unbedingtes Eingehen auf die
Wünsche der neuen erwarten, sondern müsse die Seinigen
allmählich zur Einsicht bringen. Und sieh, gerade das hab ich vor
durch meine heimliche Vorbereitung zum Lehrerinnenexamen.
Wenn sie sehen, daß ich etwas durchsetzen kann – vielleicht,
vielleicht beurtheilen sie mich dann gerechter.

Dir sage ich tausend Dank für Deine echte brüderliche Theilnahme
– ich bin jetzt nicht mehr einsam in meinen Gedanken, sondern
habe wieder einen Menschen, dem ich alles mittheilen darf. Du
weißt nicht, wie glücklich mich das nacht. Aber warum hast Du mir

17

Deine Photographie nicht geschickt? Ich möchte doch wissen, wie Deine »väterliche Obhut«, so als Titel betrachtet, aussieht.

Lieber Axel, manchmal gebrauchst Du Ausdrücke, die mir unverständlich sind. Was ist z. B. ein symbiotischer Zustand? Ich habe keine Ahnung, hoffe aber, daß es nichts Schlimmes sein wird, da Du das Wort in Bezug auf die Liebe anwendest. Du fragst mich, ob ich sonst schon in diesem Kapitel Erfahrung habe, und ich muß gestehen, ja, ziemlich viel. Nach meinen Beobachtungen ist die eigentliche rechte Liebe jetzt gänzlich ausgestorben, ich habe in unserem Bekanntenkreise auch nicht ein einziges Beispiel davon entdecken können. Erika, meine frühere Freundin, die seit einem Jahre verheirathet ist, behauptet neulich in einer Gesellschaft, die Liebe wäre eine Kinderkrankheit, die jeder gehabt haben müßte Wie findest Du das? Ich glaube, sie spricht ihrem Manne nach, der schmunzelte dazu und sagte: »Aber immun wird man deshalb nicht dagegen, man kann immer aufs neue befallen werden.« Er ist Arzt, weißt Du, und spricht immer in dieser Tonart. Neulich setzte er sich mal breitspurig in einen Lehnstuhl, fächelte sich mit dem Taschentuch seiner Frau und sagte: »Jetzt, Lisbeth, kommen Sie mal hübsch an meine grüne Seite und regen Sie mich ein bißchen an, Erika hat's erlaubt.« »Finden Sie mich anregend?« sagte ich ganz vergnügt. Da lächelte er so ölig, wie er manchmal thut, und sagte: »Ja, sehr, aber es schadet nicht; da Sie nicht meine Frau sind, habe ich es sogar ganz gern.« »Also von Ihrer Frau nicht?« fragte ich. Da zwinkerte er ordentlich unruhig und stöhnte: »Um Gottes willen, in vier Wochen wär ich eine Leiche.« »Reizende Komplimente machen Sie mir,« sagte ich, wider Willen lachend. Da hielt er mich an der Hand fest, denn ich wollte weg, und rief dabei: »Larifari, Komplimente – Sie streben ja nach Gleichberechtigung, dann hängen wir die Galanterie an den Nagel.« »Wann habe ich gesagt, daß ich danach strebe?« rief ich, ganz verdutzt, daß dieser Mensch mich irgendwie richtig beurtheilen könnte. »O, kleine Heuchlerin, das sagt jeder Blick Ihrer braunen Augen, die mich jetzt so strafend ansehen, jede empörte Handbewegung gegen mich; ja, ja, mein

Fräulein, so sehen die Emancipirten aus; da drüben hängt ein Spiegel, gestatten Sie, daß ich Sie hinführe, Erika hat's erlaubt.« Damit bot er mir den Arm und nickte Mama zu, die ganz ängstliche Augen machte. Nachher nahm sie mich gleich beiseite und wollte wissen, was Doktor Eybe gemeint hätte, und dann streichelte sie mich vor aller Augen und sagte ganz laut: »Du emancipirt Mein armes Kind Aber sei nur still, Doktor Eybe hat es nicht böse gemeint, Du weißt, er ist mal unser Spaßvogel.« Und ins Ohr flüsterte sie mir gleichzeitig: »Der dumme Kerl mach Dir nichts daraus« Kannst Du Dir denken, wie ich auf Kohlen saß?

Und dann die Theologen, die bei Papa verkehren – ich sage Dir, ebenso beängstigend, wenn auch nicht so unangenehm meistens Ich muß Dir nämlich beichten, daß ich mit einem jungen Pastoren heimlich verlobt war, ein Jahr lang; es war sehr schön, aber auch sehr schrecklich für mich; ich glaubte, als es aus war, ich würde mich nie wieder erholen. Nämlich es war so: ich mochte ihn wirklich sehr gern, er hatte ein so schönes feines Gesicht, solche wundervoll feierliches weiche Stimme und sagte immer, alle Menschen wären von Natur aus edel, und alles Verkehrte sei nur Krankheit. Das war doch sehr anziehend, nicht wahr? Aber nun kam es bald heraus, daß er von mir sehr, sehr viel verlangte, unbedingten Gehorsam, Unterordnung in jeder Beziehung, eigentlich geradezu blindes Folgen. Da ich mich aber so gezwungen sah zu dem, was ich freiwillig gewiß gethan hätte, kam ich dazu, ihm zu trotzen, und behauptete, ich sei keine dienende Natur. Da wurde er traurig, sprach von Krankheit der Seele, das normale Weib finde seinen ganzen Beruf in der Liebe zum Manne, und wollte mich jeden Tag bekehren oder doch zum Eingeständniß meiner Verkehrtheit bringen. Es waren fürchterliche Monate. Zuletzt steckte er sich hinter Papa, der ihn sehr gern zum Schwiegersohn gehabt hätte – ach, wie schlecht und verworfen bin ich mir damals vorgekommen Papa sagte mir zuletzt in vollem Zorn: »Du bist eines solchen Mannes nicht werth, obgleich Du meine Tochter bist.« Ach, es ist ja möglich, daß auch ich der rechten Liebe nicht fähig bin. Ganz glücklich kann ich erst wieder sein, wenn ich höre, daß er eine Bessere gefunden hat, die sich nicht gegen ihn auflehnt. Seit diesem traurigen Erlebniß halte ich meine Erfahrungen so ziemlich für abgeschlossen, ich komme mit manchmal schon sehr furchtbar alt vor. Jetzt, in der letzten Zeit, fange ich an, neu aufzuleben.

Wenn nur die Zusammenstöße mit Mama nicht wären. Jetzt kommt es immer über Bücher her, die ich lobe und die Mama dann sofort entsetzlich findet. Darwin nennt sie den Affenmenschen, dem man es schon vom Gesicht ablesen könne, weshalb er nun alle Leute von den Affen wolle abstammen lassen. Ich gab mir Mühe neulich, ihr zu erklären, wie schön und erhebend der Gedanke sei, daß der Mensch sich von niederer Stufe zur höheren entwickelt habe; da fragte sie heftig: »Was weißt Du davon? Hast Du etwas Darwins Bücher gelesen?« »Ja,« sagte ich unvorsichtig, »und ich bin ganz begeistert davon.« O, Axel, was gab es da für einen Lärm Mama schlug auf den Tisch, Tante kam mit dem Plätteisen aus ihrer Stube, das Mädchen lief herein, und endlich trat Papa aus dem Studirzimmer und sagte bleich vor Aufregung, ob das eine Scene für ein friedliches Pastorenhaus sei. Ich wollte Papa zum Schiedsrichter aufrufen, ganz objektiv, weißt Du, aber es ging nicht, sie fielen beide über mich her und machten mich so klein, so klein, daß ich mich jedes Wortes schämte und endlich als arme Sünderin ohne Abendbrot zu Bette kroch. Seitdem sehen mich beide mit spähenden bekümmerten Blicken an, die Gereiztheit kann jede Minute wieder losbrechen. Sogar die Kinder thun mißtrauisch gegen mich, und bei der Botanikstunde ist Mama jetzt anwesend. »Ich muß doch wissen, was Du den Kleinen für überspanntes Zeug in den Kopf setzt«

Dein traurige Lisbeth.

P.S. Nein, Du, Medizin möcht ich nicht studiren, das ist mir zu großartig und düster. Ich möchte Naturwissenschaften, aber recht viel. Ach, es ist zu dumm, es wird ja doch nichts daraus. Wenn

Mama besonders lieb mit mir ist, sagt sie: »Glaube mir, ganz wie Du bin ich gewesen, aber dann, als ich mich verheirathete, habe ich gesehen, daß die Männer ganz andere Dinge von uns verlangen« Ein schöner Trost, nicht? Arme Mama

*

Axel Lorenzen an Lisbeth Markwort.

Kopenhagen, 16. Oktober 1892.

Liebe Kleine Anfangs wollte ich Dir wieder das schreiben, was Du einen »ekligen« Brief nennst, aber dann dachte ich, das würde Dich noch niedergeschlagener machen, und das ist geradezu schädlich in Deiner Lage. Ich fange an, sie zu begreifen, und möchte Dir helfen, liebe Cousine, weil Du Dich nun doch einmal an mich gewandt hast. Das Mittel ist auch schon gefunden, und ich rathe Dir nun dringend: schlag es nicht aus, sondern ergreif die Hand, die ich Dir hinstrecke. Also, liebes Kind, es ist nicht anders, Du mußt heimlich vom Hause fortgehen und hierher kommen. Du schreibst dann von hier aus Deinem Alten, wie die Sache steht, und nach einigem Hin- und Herreden (ich werde ihnen natürlich auch mein Theil sagen) ist alles richtig; Du wirst mit der Bedingung immatrikulirt, später die Matura machen zu müssen, und bist in ein paar Wochen Kopenhagener Studentin so gut wie eine Bei der Vorbereitung helf ich Dir natürlich; ich bin schon sehr vergnügt, daß Du kommst. Ich habe heute in mehreren Pensionen nachgefragt, ob Platz ist. Die einzige Schwierigkeit wäre das Reisegeld: ich bin nämlich den Augenblick auch etwas abgebrannt; aber ich kann ja immer pumpen, hab also keine Sorge deswegen. Soll ich das Geld auch an die Steenbocken schicken, oder wäre es ihr am Ende doch verdächtig? Gib mir sofort Nachricht Wenn Du entschlossen bist, so thust Du wohl am besten, eine Fahrt nach Hamburg vorzuschützen. Gibt es nicht Jemand, den Du dort besuchen mußt? Aber ich überlasse das alles Dir, die Weiber sind uns bekanntlich an Schlauheit weit überlegen. Na,

21

werden Deine Alten aber Augen machen, wenn Du nicht wiederkommst Famos, so muß man's ihnen zeigen, dann geben sie sich sofort und kriegen den nöthigen Respekt. Zeigen, daß man eine Individualität hat, darauf kommt es an. Allein könntest Du es natürlich nicht zu Stande bringen, aber mit meiner Hülfe geht alles. Hinterlasse ja keinen Abschiedsbrief, den sie womöglich früh finden; wir schreiben ihnen dann beide von hier aus. Überhaupt keine Sentimentalitäten ich sage Dir, mit Weglaufen kommt man am weitesten. Ich möchte auch nicht, daß Du noch einmal einem solchen Tyrannen in die Hände fielest wie Deinem verflossenen Bräutigam, von dem ich bis dahin kein Sterbenswort gewußt habe. Übrigens muß ich sagen, es wird wohl nicht viel Liebe dabei gewesen sein, denn in solchem Falle thut man wirklich alles, was der andere haben will. Ich weiß das aus Erfahrung, Lisbeth, ich könnte Dir auch ein paar Geschichten erzählen – nun, vielleicht mündlich. – Du willst wissen, was ein symbiotischer Zustand ist, hast also nie von Symbiose gehört? Das ist stark Also Symbiose heißt eigentlich Zusammenleben, und zwar eines, das nicht auf den Geschlechtsunterschied gegründet ist, sondern auf gegenseitige Dienstleistung. So bei den Flechten: der Pilz gibt die Festigkeit, den Boden so zu sagen, die Alge schafft das Chlorophyll, die zweite Lebensbedingung, und beide gedeihen höchst vergnügt zusammen. Also wie Du und ich, wenn Du herkommst. Ich bin dann Dein Pilz, Dein Anhalt, Du bist meine Alge, mein Chlorophyll, nicht wahr? Es ist nämlich merkwürdig, seit wir uns schreiben, habe ich einen weit größeren Eifer gekriegt. Ich glaube wirklich, ich könnte Dir sehr gut forthelfen. Gleich, als ich Deinen ersten Brief erhielt, dachte ich: sie ist noch zu retten. Ich nehme Dich am Bahnhof in Empfang, das Weitere später.

Eilig

Dein treuer Axel.

Nachschrift. Am liebsten wäre mir's, Du telegraphirtest sofort. Nur »ja«, das genügt. Ich pumpe dann das Geld zusammen und melde Dich in der Pension an. Nur für den Anfang. Später miethest Du Dir eine Bude, das ist ungenirter. Du wirst blad ein großes Freiheitsbedürfniß bekommen, sollst mal sehen. Das wird dann ein vergnügtes Leben, ich kann Dir nicht sagen, wie ich mich darauf freue. Adieu, kleines Chlorophyll

Dein vergnügter Pilz.

*

Lisbeth Markwort an Axel Lorenzen.

Wedel, 20. Oktober 1892.

Nein, nein, Axel, nicht so Dein Brief hat mich zur Besinnung gebracht, alles in mir lehnt sich auf gegen Deinen Vorschlag. So kann ich meine Eltern nicht betrüben, und was fast noch mehr ist: so möchte ich ihnen nicht Recht geben Wenn sie mich jetzt schon für eine halb Verlorene halten, was würden sie sagen, wenn ich Deinen Vorschlag befolgte Und so hartnäckig wie Papa ist Abzwingen läßt sich der gewiß nichts. Er wäre im Stande, mich ohne Geld und ohne ein verzeihendes Wort sitzen zu lassen, wenn ich ihn so beleidigte. Und Mama ließe mich gewiß »zu Kreuze kriechen«. Nein, lieber Axel, es hat zwar etwas sehr Verlockendes, seinem ersten Impuls zu folgen, aber Dein Chlorophyll ist nicht dazu im Stande. So würde ich mir nimmermehr ihre Achtung erwerben, das kann ich nur, indem ich ihnen zeige, daß ich Energie und Ausdauer habe. Ich muß mein Lehrerinnen-Examen machen, dann ist es bewiesen. Auch mir selbst. Ich habe oft Stunden der Entmuthigung, wo ich mir gar nichts zutraue und mich selbst verspotte, daß ich so hoch hinaus will. Steht nun aber erst die Tatsache fest, daß ich etwas erreicht habe, ohne daß ich mir das Leben leicht gemacht hätte, dann fühle ich mich sicherer.

Das Freiheitsbedürfniß, von dem Du schreibst, ist freilich stark bei mir vorhanden, lieber Axel Aber ich glaube, es ist gut, etwas mißtrauisch gegen sich selbst zu sein, sich so zu sagen selber festzuhalten, damit man nicht den Boden unter den Füßen verliert.

Es soll sich Niemand meiner schämen müssen, dazu bin ich zu stolz. Hoffentlich zürnst Du mir nicht, sondern bleibst auch ferner mein treuer Anhalt, den ich ja so nöthig habe.

Deine besonnene Lisbeth.

P.S. Sie sind in den letzten Tagen wieder viel netter mit mir gewesen; ich glaube, Mama bedauert mich.

*

Axel Lorenzen an Lisbeth Markwort.

Kopenhagen, 23. Oktober 1892.

Also nicht? Also philiströse Bedenken, familienhafte Veilletäten. Aber ich habe mir's doch gedacht, als ich Dir den Vorschlag machte, den einzig vernünftigen, den es gegeben hätte für Dich Ich sage Dir, Ihr seid doch im Ganzen eine jämmerliche Bande, von Initiative keine Ahnung. Gut, so laß es bleiben. Sitze da, und rede Dir selber vor, Du seiest eigentlich zu etwas Höherem geboren, es schadet ja nicht, es thut ja so wohl, sich selber als Opfer der Verhältnisse zu betrachten und mit stillen Wehmutsthränen zu bethauen Ich aber sage Dir, für mich sind diese Thränen Kamillenthee, das heißt die fadeste, werthloseste Flüssigkeit, die auf Erden fließt. Natürlich wirst Du wieder auf meine »Verständnißlosigkeit« zurückkommen. Ganz, als ob ich es hörte Aber laß nur gut sein, es wäre auch traurig, wenn ich Dich verstünde; eine hübsche Geschichte könnte das werden, wenn auch ich mich hinsetzte, um Kamillenthee zu produziren

Wir haben also nichts mehr miteinander zu sprechen. Ich bin so wüthend, daß ich Wände einrennen könnte Aber Mädel, begreifst Du denn nicht? Ach was, es ist mir Alles gleichgültig; mach, was Du willst, wenn Du nur mich zukünftig in Ruhe läßt

Axel.

*

Derselbe an dieselbe.

23. Oktober, abends.

Liebe Cousine Ich habe eine dunkle Empfindung, als sei ich wieder etwas zu offen gegen Dich geworden. Du wirst es wohl »eilig« nennen, so wie damals. Na, Du bist ein gutes armes Thierchen, nimm's nur nicht krumm. Das ist alles, was ich Dir sagen wollte.

Dein Vetter Axel.

*

Derselbe an dieselbe.

24. Oktober.

Liebe Lisbeth, wenn Du meinst, daß ich Deinem Alten den Kopf zurechtsetzen soll, so brauchst Du mir nur ein Wort zu schreiben. Ich thue es mit Vergnügen

Dein treuer Axel.

*

25

Lisbeth Markwort an Axel Lorenzen.

Wedel, 26. Oktober 1892.

Lieber Axel Du schreibst mir in einem Ton, als ob ich Deine Achtung völlig verscherzt hätte. Wir verstehen uns mal wieder nicht. Wir fühlen nämlich zu verschieden, und das macht mich noch doppelt traurig, Deine ewige Härte und Ungerechtigkeit Und Du weißt doch, daß ich ohnehin kein leichtes Leben habe. So mißtrauisch sind sie gegen mich, als wäre ich eine Fremde Neulich traf ich Mama mit einem Brief in der Hand, den sie aus meiner Kleidertasche gezogen hatte. Es war ein Brief von Agnes, weißt Du, die jetzt in England Erzieherin ist. Sie antwortete mir so auf allerlei Anfragen. Ich war sehr verlegen in Mamas Seele hinein, aber Mama gar nicht. »Da Du nicht geruht hast, mir den Brief Deiner Freundin mitzutheilen, so habe ich ihn selbst gelesen,« sagte sie in strafendem Ton. Sie brauchte das Wort »geruht« mit einem ironischen Nachdruck. »Ich muß doch wissen, was für Korrespondenzen Du führst,« fügte sie dann hinzu; »Agnes schreibt eigentlich recht schulmeisterlich; es wundert mich aber nicht, sie sah immer aus wie ein verkleideter Kandidat.« Dann, nach einiger Zeit, schlug sie die Hände ineinander und seufzte: »Gott, wenn ich denke, wie wir als Mädchen waren, lauter Gefühl und Heiterkeit und Natürlichkeit, und jetzt gehen sie alle herum mit Büchern unterm Arm und sind unglücklich, wenn sie nicht auch eine Brille auf der Nase haben.« Sie blickte mich unzufrieden an von oben bis unten und ließ mich stehen. Tante sagte neulich zu Papa so laut, daß ich es hören mußte: »Lisbeth wird doch, will's Gott, kein Original werden? Das ist ein Unglück für ein Mädchen« »Hoff es nicht an meiner Tochter zu erleben,« brummte Papa.

Und ich bin doch so still mit meinen Plänen, arbeite so ungesehen bei tiefer Nacht nur, wenn Alle schlafen. Warum wollen sie mich nicht meinen Weg gehen lassen, da ich doch Niemand damit störe? Oft bin ich förmlich lebensüberdrüssig, denke zuweilen, wenn ich nur morgen nicht wieder aufwachte Dann aber habe ich bis jetzt mich getröstet: einen Freund hab ich doch. Und siehe da wenn ich ganz verlassen, ganz auf mich selbst gestellt bin, läßt auch Du mich im Stich In solchem Augenblick sind mir selbst die Bücher gleichgültig. Gestern sagte Doktor Eybe in seiner gewohnten taktlosen Manier:»Lisbeth, Sie sehen schlecht aus, soll ich Ihnen etwas verschreiben, oder haben Sie Herzenskummer?«»O, die ist mit keinem Überfluß an Gefühl gesegnet,« fiel Mama rasch ein,»wenn nicht mal ein schweinslederner Professor kommt –« Ich wurde auch einmal grimmig.»Fragen Sie nur Mama, die weiß alles besser, was mich betrifft,« brummte ich.»Das machen wir Alle durch, nicht wahr, Doktor?« sagte Mama lachend und achselzuckend;»ja, wenn man den Kindern etwas von seinen Erfahrungen abgeben könnte.«

Lieber Axel, ich hatte mir so fest vorgenommen, nichts mehr von Klagen einfließen zu lassen. Ich muß es aushalten, ich muß mir den ganzen Tag vorsagen, daß sie es von Herzen gut mit mir meinen. Aber wie ist es nur möglich, daß sie Alles, was ich schön und groß finde, verschroben oder lächerlich finden? Kannst Du das begreifen? Ach, werd ich jemals hinauskommen?

Warum wolltest Du meinetwegen an Papa schreiben? Es ist zwecklos, das sage ich Dir von vornherein, und dann – ich danke für Dein Mitleid Ein armes gutes Thierchen? schönes Epitheton Nein, Axel, von oben herab will ich nicht behandelt werden, am wenigsten von Dir Du hast all die Chancen gehabt die mir gefehlt haben, das ist kein Grund zum Hochmuth. Und bei Papa würdest Du nichts ausrichten, so gewichtig Du Dir selber vorkommen magst. Ja, ich möchte fast, Du versuchtest es mit ihm, nur damit Du ad absurdum geführt würdest

Fast glaub ich auch, wir geben besser die Correspondenz auf. Ich bin in stetiger Aufregung, Du schürst sie, aber Du hilfst mir nicht. Wie solltest Du auch? Du bist so ohnmächtig wie ich selbst. Heute Nacht hat mir geträumt, ich hätte Flügel. Denk Dir zwei große mächtige braune Flügel, ich hörte sie um mich rauschen, denn ich flog. Es war herrlich. Und plötzlich warst Du auch da, und wir flogen zusammen. Du hieltest mich an der Hand fest, und auf einmal wirbelten tausend Feuerfunken um uns. »Aha, jetzt sind wir bei den Asteroiden« rief ich ganz selig. Dann fühlte ich mich stürzen, reißend schnell. Es war wie Vernichtung. Ich erwachte halb, athemlos und glühend, wußte gar nicht, wo die Thür und wo das Fenster war. »Lisbeth, warum schreist Du so?« rief es kläglich aus dem Nebenzimmer, wo Tante schläft. Aber der Traum geht mir noch immer nach, besonders das Rauschen, es war, als wenn der Wind in die Segel fährt. Ach, wie unrecht ist es, daß wir keine Flügel haben

Deine Lisbeth.

*

Axel Lorenzen an Pastor Markwort.

Kopenhagen, 1. November 1892.

Lieber Onkel Vormund Dieser Brief ist mit der Bemerkung »eigenhändig« versehen, ich möchte Dich nämlich gern auf ein paar Augenblicke allein sprechen. Tante muß es natürlich später auch erfahren, aber vorläufig bitte ich um Deine Diskretion. Es handelt sich nämlich um Eure Lisbeth. Das Mädel verkommt ganz bei der Lebensweise, die sie bei Euch führt; sie ist kein solch Hausküken, und man muß etwas für sie thun. Ich möchte Dich daher dringend und herzlich bitten, daß Du Deine Einwilligung gibst, sie studieren zu lassen. Hier sind schon eine Anzahl Mädchen aus guten Familien als Studentinnen immatrikuliert, und ich würde Eure Tochter natürlich gleich unter meine Obhut nehmen. Wenn Dir meine Bitte auch zuerst etwas ungewöhnlich erscheinen sollte, lieber Onkel, so bin ich doch überzeugt, daß es nur meiner ernsten

Vorstellung bedarf, um Dich den Wünschen Eurer Tochter geneigt zu machen.

Sollte Dich der Kostenpunkt irgendwie geniren, so bin ich gern bereit zu Lisbeth's Studium eine Summe jährlich herzugeben, die Du wohl selber die Güte hast, zu bestimmen. Ich glaube gewiß, daß meine Mama, wenn sie noch lebte, mit dieser Verwendung des Geldes sehr einverstanden sein würde; Du brauchst Dir also kein Skrupel zu machen. Doch wäre es mir lieb, wenn Du gegen Lisbeth von diesem Umstande nichts erwähntest.

Ich erwarte Deine recht bejahende Antwort, lieber Onkel; falls Du Dich etwas beeilst, kann Eure Tochter noch in diesem Semester herkommen, was ihr jedenfalls auch das Liebste wäre. Ich könnte mir auch eigentlich keinen Grund denken, der sie verhindern sollte, ihrem heißen Wunsch Folge zu leisten.

Du würdest mit schleuniger Einwilligung unter Anderen auch erfreuen

Deinen herzlich ergebenen Neffen Axel.

Derselbe an Lisbeth Markwort.

Kopenhagen 1. November 1892.

Liebe Lisbeth Eben geht Brief an den Alten ab. Ich hab' es ihm fein eingegeben; es wäre geradezu unhöflich, wenn er es mir abschlüge. Freue Dich, Lisbeth, die Flügel für Dich sind in Arbeit, und Du wirst sie in beliebiger Zeit anschnallen können.

Wenn ich nicht Abstinent wäre, tränk' ich mir heute jedenfalls einen Schwips; so werd' ich eine stramme Segeltour machen, das ist noch besser. Adieu, Lisbeth.

Dein Axel.

*

Pastor Markwort an Axel Lorenzen.

Wedel, 5. November 1892.

Mein Herr Neffe Dein absonderliches Schreiben ist in meinen Händen, und ich gäbe viel darum, wenn ich in diesem Augenblick in Deinen Kopf hineinsehen könnte wie in diesen Brief. Es scheint darin eine konfuse Wirthschaft zu herrschen, die Worte: Elternautorität, Pietät, Vorstellung von echter deutscher Weiblichkeit u. s. w. scheinen darin gestrichen und allerlei absurde und widrige Worte des Wahns und der Unnatur an ihre Stelle getreten zu sein. In zweiter Linie berührt es mich höchst unangenehm und peinlich, daß zwischen Dir und meiner Tochter ein mir völlig unbekanntes Einverständniß herrscht. Du hast ihr Briefe geschrieben, Bücher geschickt, wie meine Frau nach langem Parlamentiren herausgebracht, und all' das ohne unser Wissen Das Mädchen ist allerdings strafbarer als Du, das will ich zugeben; mein Wille ist aber, daß diesen Kindereien mit gefährlichen Dingen ein Ende gemacht werde. Steenbocken büßt ihren Undank mit dem Verlust ihrer Stellung bei meiner Frau und wird keinerlei heimliche Correspondenzen mehr in Empfang nehmen.

Dein Vorschlag oder was Du so nennst, lieber Junge, wäre nur geeignet, der Überspanntheit meiner Tochter Vorschub zu leisten. Ich weise ihn daher aus pädagogischen wie aus principiellen Gründen mit Entrüstung von mir. Wenn es hie und da Frauenzimmer gibt, die ihren Beruf verfehlen, um sich dafür mit den sogenannten Wissenschaften abzugeben, so sind das Ausnahmengeschöpfe, unglückliche Zwitterwesen, an denen Niemand seine Freude hat. Dies zur Notiz für Dich und Deinesgleichen, die glauben, mit ein paar billigen Phrasen die Welt auf den Kopf stellen zu können. Daß Elisabeth kein Genie ist, das in sogenannten niederen Geschäften untergehen könnte, dafür bürge ich Dir; die sind anders gekennzeichnet.

Es ist das erste Mal, daß Du mir mit einem Briefe Ärger statt Freude bereitet hast, lieber Junge; es ist das erste Mal, daß Dein frischer burschikoser Ton gegen mich, hinter dem ich nichts als jugendlichen Übermuth erwartete, in Anmaßung und Pietätlosigkeit umschlägt. Besinne Dich auf Dich selbst, mein Sohn; am tiefsten hat mich Dein Bestechungsversuch gekränkt Er ist eigentlich unverzeihlich; ich entschuldige ihn mit Deiner großen Jugend. Einem Dreiundzwanzigjährigen sieht man gewisse Taktlosigkeiten nach. Nur verschone mich mit weiteren Episteln dieser Art, meine Nachsicht hat Grenzen

Dein Onkel Markwort, Pastor.

*

Lisbeth Markwort an Axel Lorenzen.

Wedel, 5. November 1892.

Ach Axel, was hat Du angerichtet, was hast Du eigentlich Papa geschrieben? Er ist so furchtbar böse, und Mama und Tante würdigen mich keines Wortes, nachdem sie mich entsetzlich heruntergemacht haben. Es ist Alles entdeckt Deine Bücher, dann daß die arme alte Steenbocken Briefe für mich angenommen hat, meine stillen heimlichen Pläne für die Zukunft – Alles, Alles Ich komme mir vor wie ein Mensch, dem man alle Kisten und Kasten erbrochen und geleert hat, und dem das Beste und Liebste im Staub herumgezerrt worden. Morgens, wenn ich aufwache – so öde, so leer, und dazu diese nebeligen nassen Herbsttage, so grau, so todt, zum Verzweifeln. Gott mag wissen, was mir werden soll Sie haben die Bücher mit Beschlag belegt, Steenbocken darf nie wieder ins Haus, ich nicht mehr zu ihr, ich soll den Kindern keine Stunde mehr geben, »damit sie nicht eben so verdreht werden wie ich«; es fehlt nur noch, daß sie mich einsperrten Allein freilich soll ich wirklich nicht ausgehen, sie trauen mir nicht quer über den Weg. Mama meinte, am besten wäre es, das Mädchen abzuschaffen, dann bekäme ich wohl andere Gedanken in den Kopf Es ist aber noch in der Schwebe.

Lieber Axel, zu einer Sache aber haben sie mich nicht gebracht; Deine Briefe hab ich nicht hergegeben Ich habe sie vor ihren Augen ins Küchenfeuergeworfen, Alle zusammen Der Gedanke, sie von ihnen lesen zu lassen, war mir unerträglich. Nun glauben sie natürlich erst recht, es hätte etwas besonderes darin gestanden; aber laß sie Das Traurigste ist nur, daß Du mir nicht mehr schreiben darfst, ich weiß wenigstens keinen Ausweg, um die Briefe heimlich zu bekommen. Auch ich kann Dir höchst selten nur schreiben; diesen Brief, den ich bei Mondschein kritzele, muß ich vielleicht tagelang in der Tasche herumtragen, ehe ich Gelegenheit finde, ihn abzuschicken.

Steenbocken dauert mich so sehr Wenn Du ihr doch ein bißchen Geld schicken könntest, um sie zu entschädigen. Für Kohlen, weißt Du, die hat sie sonst immer von uns bekommen.

Und so leb denn wohl, lieber Axel, ich kann es noch gar nicht glauben, daß alles aufhören soll. Was war denn Unrechtes daran?

Deine tiefbetrübte Lisbeth.

* * *

In dem kleinen Bahnhofsrestaurant am Klosterthor war ein Drängen und Schieben, als ob etwa Bismark erwartet werde. Es war aber nur der dreiundzwanzigste Dezember und das böige nasse Wetter, das die Weihnachtskäufer hier in dem dumpfen Garküchengeruch zusammendrängte; als der Zug der Hamburger-Altonaer Verbindungsbahn einfuhr, gab es einen Sturm auf den Perron hinaus und auf die Coupés, als ständen nicht unübersehbare Haufen Gepäck zur Beförderung da, trotzig und hartnäckig pochend auf ihre Unbeweglichkeit, und mit breiter Schadenfreude ihr Schwergewicht an all die Ungeduld hängend, die da vorwärts, in die schwarze häßliche Nacht hinaus, zu fahren verlangte. Da wurden triefende Regenschirme rücksichtslos an Sammetmänteln abgewischt, zwischen wildfremde Beine geschoben, in Pappschachteln gebohrt und augenbedrohend, gleich Spießen, unter den Arm gesteckt, um die Hände frei zu bekommen. Die zärtlichsten Familienbande wurden zertrennt von jählings daherrasselnden schottischen Karren, auf denen die Kisten und Koffer wackelten; einem jungen Fräulein purzelten drei Pakete, die sie zierlich an Schnüren baumelnd getragen, übereinander auf den Boden, und ein schnell daherdrängender Herr machte so unerwartet davor Halt, als ob die Carpenterbremse in seine Beine gefahren sei; fast kam er ins Schwanken.

»Danke,« sagte das Fräulein und nahm mit kummervollen Blicken eine Puppe in Empfang, die der Herr ihr aufgeschoben hatte. »Richtig der Kopf ab«

Er tauchte noch einmal auf den von vielen Fußtritten schwarz und schlüpferig gewordenen Boden und brachte ein kleines Lockenhaupt empor. Ein plötzlicher Rückenstoß der Nachdrängenden warf ihn so gegen das junge Mädchen, daß er fast unwillkürlich den Arm erhob, um sie zu schützen. Er fegte ihr damit den braunen Filzhut vom Kopf, so daß auch der noch in seiner Hand blieb. Mit einem erschrockenen unterdrückten Lachen reichte er ihr beides, sowie etwas freier Raum um sie ward.

»Man kommt gewiß nicht mehr mit« sagte sie ängstlich.

»Ich will sehen, kommen Sie mir nur nach,« und blind strebte er vorwärts; »zweiter?« rief er ihr noch zu.

»Ja.«

»Nichtraucher ist besetzt Nein, hier durch, ich verschaffe Ihnen noch Platz So, da wird ein neuer Wagen angehängt, das ist das Wahre.«

Nicht viele bemerkten diesen neuen Wagen, und so saßen sie einen Augenblick nur zu zweit in ihrem Abtheil. Das Fräulein freilich saß nicht, sondern stand mit unruhig suchenden Blicken am Fenster.

»Haben Sie noch etwas verloren, Fräulein?«

»Tante ist weg, ich muß wieder aussteigen.«

Im selben Augenblick machte der Wagen einen scharfen Ruck, es wurden schon Coupéthüren zugeschlagen.

»Wir fahren gleich, es geht nicht mehr,« sagte der junge Mann.

»Hier, hier ist Platz« schrie der Schaffner, und im Augenblick waren auch in ihrem Wagen alle Plätze besetzt, die Thür geschlossen. Das junge Mädchen sag fast verstört aus. Noch immer suchte sie den Perron entlang zu blicken; dann kam von einem älteren Herrn, der sich die Backe hielt, die dringende Bitte um Schließung des Fensters. Sie fuhren; die Wagen knatterten und krachten, als ob sie der Wind aus allen Fugen sprengen wolle, immer wie Kleingewehrfeuer. Die beiden jungen Leute, einander gegenüber, sahen sich je zuweilen mit musternden Blicken an. Das Fräulein schien den Verlust der Tante noch nicht verschmerzt zu haben, sie hielt sich keinen Augenblick ruhig; die braunen Augen unter dem braunen Filzhut hatten etwas eindringlich Fragendes, die Stirn war zusammengezogen, die schmalen Lippen etwas gepreßt; sie seufzte oft und fuhr in die Höhe, wenn der Wagen sehr rüttelte. Dann suchte sie wieder ihre Pakete in Ordnung zu bringen und paßte verstohlen, unter dem Seidenpapier, die Stücke der zerbrochenen Puppe zusammen. Das beobachtete der Gegenübersitzende mit amüsirtem Lächeln; einmal trafen sich so ihre Blicke, ein rother Schein fuhr dem Mädchen über die Backen, schnell wickelte sie Alles zusammen und drückte die Pakete in die Kissenecke neben sich. Der Schaffner nahm die Fahrkarten ab; höflich streckte der Herr die Hand nach ihrer Karte aus, um ihr das Hinüberlangen au ersparen. Er warf dabei einen Blick auf das Billet und sah dann plötzlich, im Zurückgeben, das Fräulein lebhaft an. »Sie fahren auch nach Wedel, Fräulein?«

»Ja, nach Wedel, hinter Blankenese.«

»Ich weiß, ich weiß Sind noch so viele bunte Enten auf dem großen Dorfteich?«

»Ja, wir haben auch Schwäne« Sie lächelte, und nun sah es aus, als sei doch das ihr gewohnter Ausdruck.

»Und die gelben Wasserrosen?« fuhr er fort, sich ein wenig vornüber zu ihr beugend.

»O, jetzt – es ist ja Winter.« Ein Schatten ging über ihr bewegliches Gesicht.

»Aber die grünen Bänke unter den Linden vor den Hausthüren?«

»Ja, vor unserer Hausthür ist auch eine,« nickte sie.

»Sie wohnen in Wedel, Fräulein?« rief er, als sei das die merkwürdigste Sache der Welt.

»Ja,« machte sie verwundert.

»Und sehen jeden Tag dem steinernen Roland in die vorgequollenen Augen?«

»Ach, den seh ich längst nicht mehr an« Dann nach einer Pause: »Aber Sie sind doch nicht aus Wedel?«

»Nein, nein« wehrte er lebhaft. »Es muß ja wohl ein schauderhaftes Nest sein?«

»O ja« seufzte sie. »Aber dann haben wir Hamburg so nahe.« Der Zug hielt in Altona, der Wagen hatte sich halb geleert. »Ich muß nachsehen, ob Tante nicht doch mitgekommen ist,« machte sie, aufstehend; sie deutete auf ihre Pakete: »Kann ich das hier lassen?«

»Gewiß, Fräulein« Er legte schützend die Hand auf die Sachen; dann wollte er ihr beim Aussteigen helfen, aber sie war schon hinausgesprungen. Es läutete zum zweitenmal, als sie allein zurückkehrte; er guckte aus der Coupéthür und rief ihr schon von weitem zu: »Hierher, Fräulein« Beim Einsteigen dann bediente sie sich seiner Hand, die er eifrig hinausstreckte. »Nicht gefunden?«

»Nein, Tante ist sicher in Hamburg zurückgeblieben.«

»Aber das ist doch nicht tragisch, eine Tante kann immer für sich selbst sorgen«

Sie lächelte, aber gezwungen. »Es ist wegen des Nachhausewegs; vom Bahnhof sind es noch gute zehn Minuten.«

Er guckte sie neugierig an. »Fürchten Sie sich, Fräulein?«

»Ich gar nicht, aber zu Hause sehen sie es nicht gern.«

Sie brach erröthend an, als ob sie schon zu viel gesagt habe.

Auch er schwieg eine Weile, während er ihr Gesicht, ihren Anzug, der dunkel und bescheiden war, nachdenklich prüfte. Wenn sie so viel mit einem Wildfremden gesprochen, so war es geschehen, weil er ihr gar nicht fremd vorkam. Sie mochte sein Gesicht, vielleicht war das der Grund; ein scharfes, bestimmtes Gesicht, nicht sehr jung, etwas sarkastische Mundwinkel, aber gute freundliche Augen. Er sah ernsthaft und klug aus, trug feine Kleider und elegante Handschuhe, die er während der ganzen Fahrt nicht abgestreift hatte, während das Fräulein die ihrigen beständig aus- und anzog, immer bemüht, die gespaltenen Spitzen, aus denen es rosa hervorleuchtete, vor ihrem Gegenüber zu verbergen. Plötzlich – sie waren schon über Flottbeck hinaus – bog er sich wieder vor: »Darf ich fragen, ob Sie vielleicht in Wedel die Familie Markwort kennen?«

»Den Pastor, meinen Sie?«

»Ja, und –« – er zögerte – »auch –«

»Ich bin seine Tochter,« sagte das Mädchen und blickte ihn forschend an; sein Gesicht war aufgeglänzt, als ob man ein Licht davor halte. »Ach, wollen Sie zu Papa? Aber ein Kandidat sind Sie doch nicht?«

»Und Sie sind Fräulein Markwort? Fräulein Elisabeth Markwort?«

»Aber ja« Es hatte so viel Vergnügen in seinem Ton gelegen, daß sie ihn jetzt unverwandt ansah. Plötzlich kam es ihr irgendwie zu Bewußtsein, daß sie mit dem jungen Herrn ganz allein im Coupé geblieben war. Sie stand verlegen auf und machte sich an dem Fenster zu schaffen, indem sie ihm den Rücken drehte. Im selben Augenblick sagte es leise und neckend hinter ihr: »Lisbeth« Im erschrockenen Herumfahren zu ihm, dessen Gesicht in heller

Freude stand, ward ihr auf einmal alles klar. »Axel?« stammelte sie, blaß vor Erregung.

Da faßte er sie an beiden Händen und zog sie neben sich. »Den ganzen Weg schon hab ich geschwankt. Nein, Lisbeth, wie reizend das ist Kleines Chlorophyll, wie geht es Dir?«

»Du bist gekommen Du bist gekommen« wiederholte sie mit leuchtenden Blicken. »O, Axel, wie gut von Dir« Plötzlich wurden ihre Augen naß, sie ließ seine Hände los, warf sich rückwärts in die Polster und weinte, mit den Händen das Gesicht versteckend laut und bitterlich.

Er suchte sie zu beruhigen: »Nein, das mag ich nicht sehen, Du weinst ganz wie Mama geweint hat Was haben sie Dir denn gethan?«

Sie ließ ab, ihre Augen schimmerten hell durch die Thränen, sie lächelte ihn an. »Gar nichts Besonderes. Ich bin dumm. Ich habe es mir nur so manchmal vorgestellt – es ist nichts als die Überraschung« Dann saßen sie wieder nebeneinander und sprachen von ihren Briefen. »Wie Du mich manchmal geärgert hast, Axel —«

»Ja, weißt Du, das ist gesund, und weshalb nimmst Du Dir auch alles so zu Herzen?« Sie verstummten, sahen sich froh und staunend an.

»Und jetzt kommst Du zu uns, Axel?«

»Natürlich, sie können mich doch nicht hinauswerfen«

»O, keine Rede, auf Dich sind sie kein bißchen schlecht zu sprechen, alles ich« Ihre Lippen zuckten bitter.

»Aber wenn wir jetzt zusammen ankommen?«

Lisbeth schüttelte den Kopf. »Nein, das geht keinenfalls, lieber warte Du auf dem Bahnhof, als wärest Du mit dem nächsten Zuge gekommen, und ich sag nichts, daß ich Dich schon gesehen habe.«

»So machen wir's Ich bleibe über die ganzen Weihnachtsferien, wenn sie Alten mich nicht hinauswerfen.«

»O, Axel Ach Du, ich weiß, daß Du Steenbocken Geld geschickt hast. Wie nett von Dir«

»Und wie geht es Dir sonst, Lisbeth? Die Bücher —«

Das Mädchen hatte den Kopf sinken lassen. »Ich habe jetzt das Weglaufen täglich in Erwägung gezogen,« murmelte sie.

Er räusperte sich, setzte an und sagte doch nichts, die Kehle schien ihm vertrocknet. »Was wollen wir wetten, daß ich es doch noch durchsetze?« rief er plötzlich.

»Das mit mir? daß ich zum Studiren komme? Nie« rief Lisbeth.

»Was gibst Du mir, Lisbeth?«

»Ach, laß doch, wir wollen lieber nicht davon sprechen.«

»Aber ich bin doch deshalb hergekommen«

»Dann kannst Du getrost wieder umkehren«

»So? Wollen wir wetten, daß Du in fünf Minuten anders denkst?«

Er sah sie eindringend an, während sich sein Gesicht röthete. »Lisbeth, erlaubst Du mir, daß ich Deinen Papa frage, ob ich Dich heirathen kann?«

»Ach, mach doch keinen Unsinn« stammelte das Mädchen. »Lieber Axel, wie könntest Du deshalb —«

»Erlaubst Du es?« rief er, lebhaft ihre Hand drückend. »O, es ist nichts Auffallendes daran, wir heirathen jetzt alle jung, die ganze neue Generation«

»Lisbeth sah ihn erstaunt an, er kam ihr so männlich, so entschlossen vor, an seine Jugend hatte sie gar nicht gedacht; aber er schien ihr ein großes Opfer bringen zu wollen, und das durfte sie doch nicht annehmen.

Aber – aber warum denn?« seufzte sie bedenklich.

Er besah seine Nägel, denn seit er Lisbeths Hände hielt, waren die Glacés verschwunden. »Warum? wenn wir beide wollen? Du weißt doch, Symbiose, Lisbeth«

»Aber, ist Dir das nicht zu wenig, Axel?«

»Es ist mir genug – mit Dir« Sie sahen sich einander in die Augen. »Und Du?« flüsterte er sehr leise und eindringlich.

»Mir auch,« flüsterte es zurück. Sie drückten sich noch einmal fest die Hände. Dann hielt der Zug in Wedel.

Die jungen Leute gingen mitsammen bis zum Pfarrhause, Lisbeth ein wenig voraus. Es regnete jetzt nicht, aber der Wind fuhr mit Heulen von der Elbe herüber und drängte die Wandernden oft gewaltsam gegen die schwarzen saufenden Bäume.

»Hier kannst Du mir ruhig den Arm geben,« sagte Axel leise. Sie kam langsam an seine Seite. »Frierst Dich, Lisbeth? Soll ich Dir meinen Rock geben?«

»O, nein, ich bin ja 'n Butenminsch, weißt Du.«

»Aber Du zitterst ja so«

»Ach, das ist nur – übrigens, ich finde, Du zitterst auch, wenigstens Dein Arm. Wie schön das braust, nicht, Axel?«

»Oceanische Lüfte, Lisbeth. Magst Du das gern?«

»Du mußt den Mund ein bißchen öffnen und schlürfen, Axel; so thu ich immer.«

Nun tranken sie beide die mächtig herströmenden Luft wellen, bis sie an die Häuser kamen; einzelne wildflackernde Laternen machten die Dunkelheit rundum noch schwärzer, aber der Wind brach sich an den Mauern, um zwischen den Lücken mit verdoppelter Kraft hindurchzublasen.

»Hier muß ich Dich loslassen, Axel, hier kennt mich jeder Mensch.«

»Aber es ist ja Niemand zu sehen«

»O, Du, die Wedeler haben scharfe Augen, die sehen am besten im Dunkeln.«

»Sind wir schon am Dorfteich vorüber? Den hab ich doch nicht bemerkt.«

»Aber längst schon Und er liegt halb unter Eis. Dort unten ist schon unser Haus.«

»Schon? Und Du mußt hinein, jetzt gleich? Ich dachte, wir gingen rund um den ganzen Teich. Geht das nicht?«

Sie kehrten noch einmal um, »weil es so schönes Wetter war«. Als es wieder ganz dunkel um sie geworden, sagte Lisbeth mit schüchterner Stimme: »Axel, vorhin, weißt Du, im Coupé, da hab ich so gewünscht, Du möchtest es sein, und da warst Du es wirklich«

»Mein kleines Chlorophyll, ich hab sie so entbehrt, Deine Briefe«

»Ach, meine Briefe Nein, Deine –«

»Und nachher, Lisbeth, wenn wir – ich meine in Kopenhagen,« er athmete auf, »dann segeln wir zusammen«

»Fliegen wir zusammen« rief das Mädchen hingerissen.

Er schlang den Arm um sie und bückte sich zu ihrem Gesicht, nicht tief, das war nicht nöthig, sie waren beide von fast gleichem schmächtigen Wuchs. Innig tauchten sie die Blicke ineinander: »Deine Augen glänzen im Dunkeln, Lisbeth.«

»Und Deine« Immer das Echo. Dann hörten sie eine Uhr schlagen, es war hohe Zeit für Lisbeth, heimzukehren. »Sie haben ja einen Fahrplan«

»So ein Zug kann wohl mal Verspätung haben.« Sie eilten aber doch. »Und wie lange muß ich jetzt noch auf dem Bahnhof sitzen, Lisbeth?«

»Nur zwei Stunden.«

»Nur Und treffe vielleicht noch die theure Tante Nein, ich laufe herum und –«

»Ach, komm eine Viertelstunde nach mir; Du hast den Weg verfehlt, einfach.« –

Es gab aber doch keine kleine Verwunderung nachher, als Axel Lorenzen so unvermuthet ins Pastorenhaus schneite

»Daß Ihr Euch nicht getroffen habt, Kinder« Mama weinte vor Freude über die Ankunft des Neffen, der Pastor war im ersten Augenblick etwas steif, thaute aber bald auf; Lisbeth gerieth in Verwirrung, sobald Axel sie anblickte. Der that unbefangen für sie Alle; dem Pastor wollte es fast unglaublich scheinen, daß er der Verfasser jenes Briefes sei. Ein so gesetzter, fertiger junger Mann Es sah aus, als halte er sehr auf gute Lebensart; aufmerksam gegen die Damen, fast weltmännisch. Als er den guten Wein, den der Onkel selbst herbeibrachte, mit einer schlichten, aber entschiedenen Handbewegung zurückwies, ward der Pastor förmlich betroffen und musterte ihn von jetzt an wie eine fremde Menschenspecies. So reif sollte der sein? Mit vierundzwanzig Jahren? Und was er alles wußte, und wovon er sprach Eine totale Umwandlung mußte sich vollzogen haben, seit Pastor Markwort studirte. Er ertappte sich darauf, daß er vorsichtig abwog, was er sagen wollte; er, der Vormund und ältere Mann, im Gespräch mit diesem Springinsfeld. Aber nein, das war keiner, das war ein Mensch, ein erwachsener, sehr belesener, sehr erfahrener Mensch

»Die alte Studentenherrlichkeit scheint aber doch ausgestorben zu sein,« sagte der Pastor endlich, wie um sich selbst zu beruhigen.

Da zuckte der unerschütterliche Axel gar noch mitleidig die Schultern. »Die Kommerse und so weiter – ach, das sind doch eigentlich Kindereien – nicht, Onkel?«

Ein wenig säuerlich sah es aus, wie der Pastor nickte. »Aber die rechte Jugendheiterkeit, meine ich.«

»O, die – heiter sind wir auch, aber es ist eine so furchtbare ernste Zeit, Onkel.«

»Und das kümmert Euch?« machte Markwort verwundert.

Der Neffe sah ihn mit seinen durchdringenden Augen groß an:

»Wir sind alle betheiligt das ist doch wohl natürlich.«

»Alle?«

»Bis auf die Streber, versteht sich«

Der Junge hatte eine unglaublich geringschätzige Handbewegung bereit, so oft er wollte.

Dann kam Tante an in einer richtigen Regenwetterlaune, aber sie ward alsbald Sonnenschein, denn jede Abwechselung machte der immer zerstreuungsbedürftigen Dame Vergnügen. Und dann war es auch so angenehm, wenn die Vorbedeutungen auskamen. Hatte sie nicht heute morgen eine Visite im Thee gehabt? »Erinnert Ihr Euch, Kinder? eine lange Visite im Thee, und als ich sie in den Mund nahm, ließ sie sich durchbeißen Ich sagte Euch sofort: Kinder, es kommt ein Herrenbesuch, eine Dame hätte sich nicht durchbeißen lassen.«

Die Kinder wurden früh zu Bett geschickt, denn eigentlich wurde an diesem Vorabend der Tannenbaum geschmückt, alljährlich, nach geheiligter Gewohnheit. Konnte es sein, daß sich Pastor Markwort vor dem Neffe genirte? Er stellte sich, als habe er nie etwas mit solchen Sachen wie vergoldete Nüsse, Marzipanschinken oder Quittenwürstchen zu thun gehabt, und überließ die ganze Arbeit den Frauen, um mit Axel über sein Studium zu sprechen. Mama bat den Gatten: »Lieber Mann, die obersten Leuchter bringst Du mir doch an, nicht? Und mit dem Lametta weißt Du auch viel besser Bescheid, wir machen das immer in Knoten«

»Jux« sagte der Pastor und lächelte verlegen über die Schulter hinweg.

Axel schielte zu Lisbeth hin. Komm sprachen ihre Augen.

»Die Chemie? O, das ist die erste Wissenschaft der Welt« sagte Axel zu dem Onkel hinüber, »was braucht man weiter zum Glück als ein Laboratorium? Aber ich glaube, man muß den Damen eine Hand leihen – erlaube, Cousine« Und er stand auf und nahm Lisbeth einen Leuchter ab, aber er nahm die Hand mit und drückte sie fest und ermunternd. Niemand sah das zwischen den buschigen Zweigen. Nun machte sich auch der Pastor heran, und es wurde allen wieder behaglich zu Muth.

Lisbeth brachte den zerbrochenen Puppenkopf zum Vorschein.

»Und das ist noch dazu mein Geschenk für Frieda Ich weiß nicht, was ich anfangen soll, das muß ich wohl sagen« Tante rang die Hände und schüttelte melancholisch den Kopf.

»Aber das läßt sich ja kitten« fiel Axel bereitwillig ein, »für was wär ich denn Chemiker Ich werde morgen früh etwas komponiren – aber richtig, ich muß wohl jetzt ins Hotel, es ist gegen elf.«

Natürlich ward so etwas nicht gelitten. Das Fremdenzimmer war bereits geheizt worden, Mama hatte in der Küche einige Winke ertheilt. Pastor Markwort sah mit Vergnügen, wie wenig Beachtung Lisbeth durch Axel erfuhr. Tante fand dasselbe heraus und zischelte dem Schwager ins Ohr: »Er läßt sie ganz links liegen.« Und eben das war es; beim Pastor setzte sich immer mehr der Gedanke fest, daß seine Tochter jenen ungehörigen Brief Axels geradezu inspirirt habe. Er runzelte die Stirn, sobald er sie ansah, heimlich verwundert, daß sie ohne alle Reue und Zerknirschung unter ihnen stand und die Konfekthalter festdrehte. Axels Besuch faßte er einfach als Abbitte auf. Mein Gott, ein junger Mann kann sich irren.

»Aber diese Gesetztheit hat für mich fast etwas Unheimliches,« sagte Mama, als sie mit ihrem Manne allein war; »und Lisbeth hat einen Respekt vor ihm sie schrak förmlich zusammen, so oft er etwas sagte.«

»Sie wird sich nachträglich schämen,« meinte er Pastor, »mit diesen Mädchen da – das ist eine Kalamität. Und das nimmt immer noch zu – ich meine die Zahl der überschüssigen Frauen Wohin soll das führen« Er hielt sich den Kopf, und Mama verstummte. Sie war ebensowenig zufrieden, die Mutter dreier Mädchen zu sein. Aber wenn ihr Mann solche Andeutungen machte, klopfte ihr jedesmal das Herz vor dumpfem Schuldbewußtsein. Warum hatte sie nicht Söhne, wie die Deutsche Kaiserin? Das war eine brave Frau, die konnte sich sehen lassen Und wenn nun Lisbeth wenigstens echt weiblich gewesen wäre Aber so, wie das Mädchen war, stand es sogar besonders schlecht mit den Heirathsaussichten. Und was solch eine alte Jungfer werden kann, das sah man deutlich an Tante Martha, die es bei keinem der Verwandten länger als ein Jahr aushielt, aber die Verwandten ihrerseits hätten sie gern noch viel früher ziehen lassen.

Lisbeth ging wie im Rausch zu Bett. Das heißt, zuvor stand sie noch eine ganze Weile am Fenster und sah die Sterne an. Und immer fühlte sie Axels Hand in der ihrigen, eine schmale feingliedrige, weiche Hand, die sie festhielt. Morgens früh aber sagte ihr etwas ins Ohr: »Steh auf Er ist da« Und ehe sie sich recht besann, hatte sie das Gefühl einer großen, ihrer wartenden Freude.

Sie trafen sich auf der Treppe und lachten sich an. »Soll ich ihn heute fragen?« flüsterte Axel.

»Ach nein, nein« wehrte Lisbeth, »warte noch.«

»Lisbeth, wenn er Nein sagt«

Sie reichte ihm stumm die Hand, um sie heftig und selbstvergessen zu drücken. In ihren Augen leuchtete ein unbeugsamer Entschluß. »Geh voran, Axel – ich möchte, daß sie mich heute schelten sie hätten Grund, denn ich bin falsch gegen sie.«

Ihr Wunsch ging nicht in Erfüllung, Mama hatte schon selbst den Thee gemacht und Braunkuchen aufgestellt, alle waren bereits in Feststimmung.

»Dir zu Ehren« sagte Tante Martha und zupfte den Neffen am Ärmel. »Nein, solch 'n Besuch, das ist doch das Reizendste, was ich mir denken kann«

»Wie mir Tante die Cour macht ich bin das Reizendste, was sie sich denken kann,« lachte Axel, während Tante Martha sich erröthend vertheidigte.

Doch verfiel sie sofort in denselben Fehler, als sich der Kitt so vortrefflich anließ: »Darauf müßtest Du ein Patent nehmen, Axel, sonst ist es jammerschade.«

Und dann, als er abends bei der Bescherung mit den Geschenken herauskam Er hatte für alle etwas, sogar eine seidene Schürze für das Dienstmädchen.

»Aber, Elisabeth, was sagst Du jetzt« rief die Mama freudestrahlend, als das Mädchen in einem Tintenfaß, das aber nur Abtrappe war, eine zierliche Filigrannadel mit Türkisen fand. Sie sprach in ihrer Herzensfreude nicht anders mit ihr, als mit der zehnjährigen Frieda, und ruhte nicht, bis sie ihr selbst die Brosche auf dem schwarzen Kleid angesteckt hatte. Sie hätte den Neffen extra dafür küssen mögen, daß er Lisbeth kein Buch geschenkt hatte.

Am zweiten Weihnachtstage gab es die gewöhnliche kleine Gesellschaft: Doktor Eybe mit seiner Frau; Apotheker Rehbein mit drei Töchtern; ein paar Kapitäne, pensioniert und so stumm wie die meisten Wasserbewohner; zwei Lehrer, davon einer verheirathet und im Begriff, Vater zu werden, was die ganze Gesellschaft in Aufregung hielt, da er beständig auf ein Klopfen horchte, das ihn hinausrufen sollte; dann eine Schreib- und Zeichenlehrerin, die auch mit Wasserfarben Äpfel und Birnen nach der Natur malen lehrte. Die neue Erscheinung, der junge Chemiker, interessirte sofort alle. Er war aber auch ein gewandter Plauderer; mit Doktor Eybe sprach er über Kopenhagener Ärzte und erzählte Klinikgeschichten, daß dem über die Kühnheit seiner Kollegen die Haare zu Berge stiegen; mit der Künstlerin berieth er neue Farben für Äpfel und Birnen, die naturgetreu wirken sollten auch bei geringer Übung; der Apotheker mußte, allerdings auf begeisterte Anpreisung der Tante Martha, den famosen Kitt ansehen, beriechen und kosten, was ihm offenbares Vergnügen gewährte; den Kapitänen bot er Cigarren aus seinem Etui an, und mit den drei Apothekertöchtern improvisirte er einen Walzer, um mit Lisbeth tanzen zu können. »Lisbeth, amüsirst Du Dich?« flüsterte er, während sie nach Herrn Buthmanns taktfester Musik im Sechsschritt dahinglitten.

»Wie noch nie Du bist nämlich der größte Schelm —«

»Willst Du wohl gleich ruhig sein Lisbeth, glaubst Du, daß sie mich mögen?«

»Und wie«

»Aber mit des Doktors Frau muß ich noch sprechen, für was interessirt die sich?«

»Erika? Für nichts besonders, glaub ich.«

»So will ich ihr ein bißchen die Cour schneiden, nicht?«

Lisbeth machte so ängstliche Augen und sprach so heftig, sie hätte sich beinah verrathen: »Nein, das leid ich nicht das ist häßlich.«

Axel glänzte vor Übermuth: »Häßlich? Wieso denn? Das ist doch die berühmte Dame, die Liebe eine Kinderkrankheit nennt. Ich denk es mir sehr niedlich, die zu necken.«

»Na ja denn; aber nur ganz wenig, hörst Du Sie ist mir so unsympathisch.«

»Ach, deshalb? Ich dachte schon« – er guckte ihr neckend in die Augen –, »Du wärst eifersüchtig.«

Lisbeth lachte gezwungen: »Dieser eitle Mensch geh nur.« Als sie aber später die Beiden miteinander lebhaft plaudern sah, wurde ihr das Herz beschwert. Sie konnte es nicht erwarten, bis er wieder loskam. Vor Ungeduld lief sie auf den Vorplatz hinaus und kroch hinter den Kleiderständer, der voll von Mänteln und Hüten hing. Sie bekam eine rasende Lust, all das da herunterzuwerfen, ihre Finger zuckten nach Doktor Eybes Filz. »Der kollert gewiß ausgezeichnet.« Da lag er schon drunten, oder vielmehr er hüpfte über die Fliesen, wie ein Springer auf dem Schachbrett. Der Cylinder des Apothekers sprang ihm nach, ohne ihn einzuholen; – bauz machten drei Schirme, als sie auf den Boden fielen. Der Lärm weckte das Mädchen; schnell wollte sie die Sachen wieder aufheben, aber nun schien der gekränkte Kleiderbewahrer seine Rache ausüben zu wollen: mit einem großen dumpfen Plumps ließ er sich umfallen, wobei sein umfangreicher Mahagoniknopf die Thür des Gesellschaftszimmers mit einem Theaterdonner streifte.

»Was ist das? was ist passiert?« scholl es drinnen und mit aufgeschreckten Mienen kam Alles auf den Vorplatz gelaufen, voran wie ein Löwe der junge Vater in spe, der eilig über den hämisch grinsende Kleiderhalter hinwegstolperte, sich einen Muff auf den Kopf stülpte und zur Hausthür hinausschoß, ohne sich durch

Erklärungen aufhalten zu lassen. Es war freilich auch soso mit den Erklärungen. Lisbeth aufrecht unter den umhergestreuten Mänteln, Hüten und Muffen bot einen durchaus räthselvollen Anblick.

»Das kam doch nicht von selbst? Aber Lisbeth, wie ist denn das möglich?«

»Ein Beispiel von labilem Gleichgewicht,« bemerkte Axel in ernsthaftem Erklärerton.

Lisbeth lachte so heftig, daß sie nichts antworten konnte; dabei standen ihr die Augen voll Thränen.

»Aber wie kann man nur so nervös sein« tadelte Doktor Eybe. »Lisbeth, Lisbeth, Sie müssen wieder Eisen haben. Sie kommen mir in der letzten Zeit recht überreizt vor.«

»Wie das arme Kind erschrocken ist« Mama kam mit einem Glase Selters.

»Mir thut nur Herr Buthmann leid Der kommt jetzt nach Hause und es ist nichts« jammerte Tante Martha.

»Ich werde mal meiner Cousine den Arm geben,« sagte Axel würdevoll und ließ die Anderen sammeln. »Komm, Elisabeth. – Und wer war jetzt der Schelm?« sagte er leise, während sie hineingingen.

»Wieso, Axel, ich weiß nicht –«

»Ach, sie weiß nicht. Geht hinaus und wirft das Haus um und weiß nicht –«

»Aber das Ding ist von selbst –«

50

»Ja, von selbst Meinst Du, ich glaube an Tischrückerei? Es war übrigens sehr nett von Dir, daß Du mich erlöst hast, Deine Erika ist schauderhaft affektirt und langweilig.«

Lisbeth seufzte erleichtert. »Sie ist aber doch sehr hübsch,« sagte sie lauernd.

»Und außerdem danke ich Dir noch ganz besonders —« Er brach mit schlauem Lächeln ab, drückte heftig ihren Arm und ließ ihn fahren.

Mit hochklopfendem Herzen mischte sich Lisbeth unter die Apothekerstöchter, die sie angelgentlich befragten, wie lange er bleiben werde; ob er schon ausstudirt habe, ob er schon verlobt sei, und ob man denn gar nicht mehr tanzen werde.

Auch Erika kam hinzu und behauptete, Axel sei ein reizender Mensch. »So naiv und drollig — es hat etwas so Reizendes, diese unverhohlene Bewunderung zu bemerken —« Sie brach ab und blickte mit einem träumerischen siegesicheren Lächeln nach der Richtung, wo Axel stand. Sie überlegte, unter welcher Form sie den jungen Mann wohl am schicklichsten einladen könne. —

»Jetzt haben wir doch einen Herrn im Haus, wenn mein Schwager morgen auf die Synode fährt« frohlockte Tante Martha. »Ich bin nämlich immer etwas ängstlicher Natur. So ein Haus voll unbeschützter Frauen, das ist wirklich — ich weiß wohl, wir stehen Alle in Gottes Hand, aber das hindert doch nicht, das manchmal eingebrochen wird.«

Axel schien an Ernst und Würde noch zu wachsen. Er füllte sogar bei Tisch die Suppe auf die Teller. Nur vermied er, Lisbeth anzusehen, wenn er so den Hausvater spielte. Ihre Lippen zuckten zu ansteckend. Im dunklen Treppenwinkel begegneten sie sich wieder einmal allein. Er zog sie dicht in seine Arme. »Lisbeth, wie

51

wollen wir uns schadlos halten, wenn wir erst zusammen sind All die Philisterei übern Haufen, freust Du Dich?«

Es war das erst Mal, daß sie sich küßten, lautlos und heiß; Lisbeth vergaß alle Vorsicht, auf ein Haar hätte Frieda sie überrascht.

»Sobald Papa zurückkommt, frag ich ihn,« sagte Axel, aber Lisbeth wollte, daß es erst am letzten Tage seines Dortseins geschehen solle. Sie wäre am liebsten jetzt mit ihm davongegangen, ohne ein Wort über ihr Verhältniß zu hören: »Sie werden es machen, bis alles gewöhnlich ist, wie bei den anderen Menschen,« klagte sie; »ich möchte es ganz für mich behalten, aber sie leiden es nicht – und ich mag kein Familiengespräch sein.«

»Siehst Du, das kommt davon,« neckte sie Axel, »warum bist Du nicht heimlich nach Kopenhagen gekommen, dann wärst Du Allem entgangen. Nur mir nicht.« Er drückte ihre Hand. »Ist es nicht sonderbar, wie gut wir uns kennen?«

Papa Markwort kam zurück, und Axels Ferien gingen zu Ende. Seine Zuversicht war etwas gesunken – Tante hatte ihn überrascht, wie er sich mit Lisbeth kunstgerecht schneeballte. »Ich dachte, zu so was wäret Ihr beide viel zu erhaben,« sagte sie spöttelnd, »unser berühmter Professor in spe und das verkannte Genie Na, Lisbeth, nimm es nur nicht übel, Deine alte Tante darf ja wohl mal 'n Witz machen.«

Das war Tantes Auffassung. Axel wußte nicht, daß der Pastor erfrischt aufathmete, als er von dem Schneevergnügen hörte. »So, so Na, das freut mich, daß er doch auch noch jung sein kann; dieser vorzeitige Ernst ist mir unsympathisch.«

Er empfing den etwas befangenen Neffen mit jovialer Handbewegung, als er in der Dämmerung, zwischen Dunkel und Lichtanzünden, in sein Studirzimmer trat. »Setz Dich, Axel. Ja, siehst

Du, Cigaretten hab ich nicht, aber die Cigarren hier sind nicht übel. Und morgen reisest Du, mein Sohn?«

Axel hatte sich Alles aufs Schönste zurechtgelegt, aber jetzt fühlte er sich durchaus nicht mehr als Herrn der Situation. Er machte eine lange Einleitung, aus der er selbst nicht zurechtfand, sprach von der akademischen Laufbahn, für die er sich entschlossen habe, und platzte darauf ganz plötzlich damit heraus, daß er dann auch eine Frau brauche. Dem Pastor ging die Cigarre aus, er blieb wie hypnotisirt an der Thür stehen. Zu jung? o nein, über vierundzwanzig, und dann – Axel fand seinen Muth wieder: »Du weißt doch, Onkel, was für ein Vortheil nach jeder Richtung, wenn man früh heirathen kann.«

Pastor Markwort hüstelte, aber dann nickte er bereitwillig, es kam ihm vor, als seien des Neffen Augen scharf fixirend im Dunkel auf ihn gerichtet. »So, so, denkst schon an dergleichen Und wer, wenn man fragen darf —«

»Elisabeth,« sagte Axel mit heiserer Stimme.

Auf allerlei war der junge Mann gefaßt gewesen, nur nicht auf den Freudenausbruch, der nun folgte.

Der Onkel freilich begnügte sich mit einigen »so?« und »in der That?« aber er rief dann sofort seine Frau, damit sie ihm die Überraschung tragen helfe. Mama nun machte aus ihrem Herzen keine Mördergrube. Sie fing an zu weinen und drückte Axel die Hand, als wäre er ihr Lebensretter, und sagte, es sei längst ihr Herzenswunsch gewesen, ihre Lisbeth glücklich verheirathet zu sehen, und wem könnten sie ihre Tochter besser anvertrauen, als dem Sohn ihrer verstorbenen Cousine, der ihr selber stets wie ein Sohn nahe gestanden. Kein Wort von verbotener Korrespondenz, keine Erinnerung an Steenbocken, kein Schatten von Darwin oder Schopenhauer Lisbeth wollte es kaum glauben, daß all ihre Unthaten so ganz vergeben und vergessen wären. Aber sie mußte wohl: die Zärtlichkeit, mit der die Mutter sie immer wieder in ihre Arme schloß, die freudigen, anerkennenden Blicke des Vaters, die sie überall verfolgten, rissen sie hin – sie war ihren Eltern wieder geschenkt worden durch die Werbung, und an der Freude der Ihrigen ward sie erst recht inne, wie sehr man vorher unter der Entfremdung, unter der Mißbilligung gelitten, die man über sie ausgegossen.

Bin ich's? oder bin ich's nicht? fragte sie wie das Katerlieschen im Märchen, als nun plötzlich Alles sich um sie drehte wie um den Mittelpunkt, Tante Martha eine schöne alte, aus Perlen und Granaten zusammengesetzte Gürtelschließe mit gerührten Augen daherbrachte, als Verlobungsgeschenk für sie, die bis zum heutigen Tage Tantes Schmuckkästchen nicht hatte anrühren dürfen. Daß Trude und Frieda mit selbst vom Gärtner geholten Veilchensträußen gratulirten und das von ihnen mitgerissene Dienstmädchen ein Töpfchen mit künstlichen Monatsrosen überreichte, war schon weniger wunderlich, wenn es auch über die Einstimmigkeit des Jubels merkwürdige Aufschlüsse ertheilte. So neu war Lisbeth die Empfindung, mit den Andern im Einklang zu sein, daß sie die kurze Bitterkeit der Frage: was hab ich denn nun Lobwürdiges gethan? mit weicher Hand ihr aus dem Gedächtniß wischte. Sie ließ sich heben und tragen, der allgemeine Beifall war so süß. Sie dachte nicht mehr daran, die Veröffentlichung der Verlobung zu verhindern, im Gegentheil. Sie war begierig, was nun wohl Erika z. B. sagen werde, und sie hörte mit Lächeln zu, wie ihr der Apotheker mit offenbarer Genugthuung zu verstehen gab, daß sie das beste Theil erwählt habe.

Nur der Doktor Eybe drohte: »Also abtrünnig geworden? Zur Vernunft gekommen?« und dann mit unterdrückter Stimme: »Ich an Ihres Papas Stelle hätte meine Einwilligung nicht gegeben, der Herr Axel –«

»Aber,« unterbrach ihn Lisbeth ein bißchen erschrocken, »was für ein Glück, daß das Schicksal Die nicht zum Papa bestimmt zu haben scheint«

»Erika, Erika na, da haben wir's Hast Du's gehört?« und mit süß-saurem Lachen gesellte er sich zu seiner Gattin.

Am Vorabend seiner Abreise hatte Mama noch ein dringliches Gespräch mit dem Schwiegersohn. Wenn schon im Mai, nach Axels Doktorexamen, geheirathet werden sollte, wie war es möglich, Lisbeth noch die nöthige hauswirtschaftliche Ausbildung angedeihen zu lassen? »Sie hat leider viel zu viel hinter den Büchern gesessen, darüber ist dann vernachlässigt worden, was einer Hausfrau zu wissen noth thut. Lisbeth hat einen harten Kopf; ja, schüttle nur, Axel, Du wirst ihn auch noch kennen lernen.«

»Axel, Axel, was werden sie sagen« machte Lisbeth, sobald sie allein waren.

»O, dann sind wir so fest verbunden, dann können sie uns nicht wieder auseinanderreißen. Mir ist nur leid, daß ich ihre Gesichter nicht sehen kann.«

»Mir nicht,« sagte Lisbeth, »jetzt weiß ich, wie leid sie mich haben, jetzt möcht ich ihnen vieles zum Opfer bringen.«

Vieles, aber nicht Dich selbst, Lisbeth.« –

»Mach sie glücklich, sie hat ein tiefes Gemüth,« sagte die Mama, als das junge Paar frisch verheirathet auf die Reise ging.

Axel sah mit leuchtenden Augen auf Lisbeth: »Wir verstehen uns, Mama.«

»Aber daß Ihr noch gar keine Wohnung in Kopenhagen habt, Kinder«

»Ha, die findet sich leicht genug; erst sind wir mal drei Monate unterwegs.«

»Und daß Ihr darauf besteht, möblirte Zimmer zu miethen, und all das – ach, es ist mir doch schrecklich Wie kann man da von ordentlichem Hausstand sprechen«

»Wir sprechen ja auch nicht davon, Mama, aber wir sind glücklich, was willst Du mehr?«

»Nein, weiter will ich nichts,« seufzte Mama unter ängstlichen Thränen. –

Pastor Markworts Weihnachtsgesellschaft war wieder zahlreich versammelt, auch die junge Frau Buthmann war ausnahmsweise einmal von Baby weggegangen. Baby war jetzt schon ein Jahr alt und konnte einen kleinen Puff vertragen. »Und da haben wir ja das liebe Paar« rief der Apotheker Rehbein, nach einer großen Photographie greifend, die in geschnitztem Rahmen mitten auf dem Weihnachtstische stand.

»Sieht sie nicht gut aus?« sagte die Pastorin zärtlich.

»Ausgezeichnet, geradezu glückstrahlend, möchte ich sagen,« bemerkte emphatisch Herr Buthmann, »da braucht man nicht zu fragen, wie es geht —«

»Sie schreiben sehr glücklich.« Mama warf einen Blick auf ihren Mann, räusperte sich etwas, lächelte und schwieg.

»Darf man vielleicht gratuliren?« lispelte Erika ziemlich deutlich.

Die Pastorin blickte wieder ihren Mann an. »Soll ich?« stand in ihrem Gesicht, das von einem gewissen unterdrückten Stolz verklärt war. »Denken Sie sich,« begann sie, die Augen aufs Tisch gesenkt –

»A, hm« machte der Doktor ahnungsvoll.

»Elisabeth – Sie wissen ja, wir mußten sie immer zurückhalten. Aber nun, die neue Richtung, was soll man dazu sagen« – das stolze Lächeln wurde stärker – »Elisabeth besucht die Universität, sie studirt seit Oktober.« Eine Erstarrung folgte, die Pastorin sah einen Augenblick kleinlaut drein.

»Aber sie ist doch nicht geschieden?« murmelte die Apothekerstochter erschrocken gegen ihre Schwester.

Pastor Markwort stand auf. »Die Sache war uns ebenso fremd, wie Ihnen,« sagte er mit etwas eingenommenem Organ, »aber wir haben uns darein gefunden. Elisabeth hat das Maturitätsexamen gemacht, sie wird ihren Doktor machen« – seine Stimme zitterte – »unter dem Schutze eines tüchtigen Mannes. Ich glaube, wir dürfen nicht länger engherzig abwehren, wenn die Gaben der Natur –«

Die Anwesenden begriffen schließlich, daß sie auch jetzt gut thaten, zu gratuliren, und sie beeilten sich, ihre Erschrockenheit hinabzuschlucken.

»Was soll er thun, als gute Miene zum bösen Spiel machen?« zischelte Doktor Eybe seiner Frau ins Ohr, und dann nahm er seine Theetasse, um kräftig mit den Eltern auf die Zukunft des »Wunderkindes« anzustoßen.